君とまた、あの場所へ

シリア難民の明日

安田菜津紀

Natsuki Yasuda

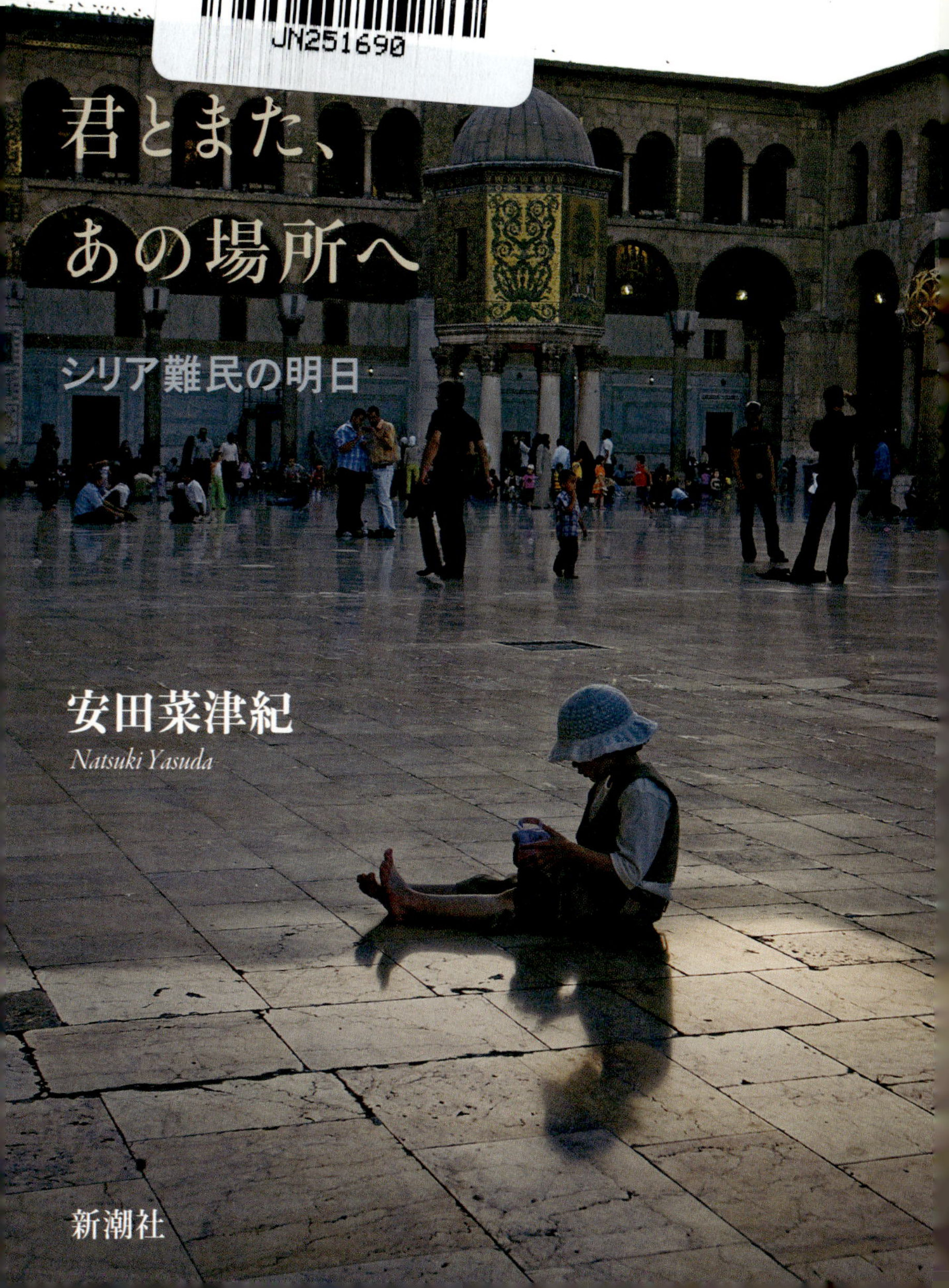

新潮社

目 次 CONTENTS

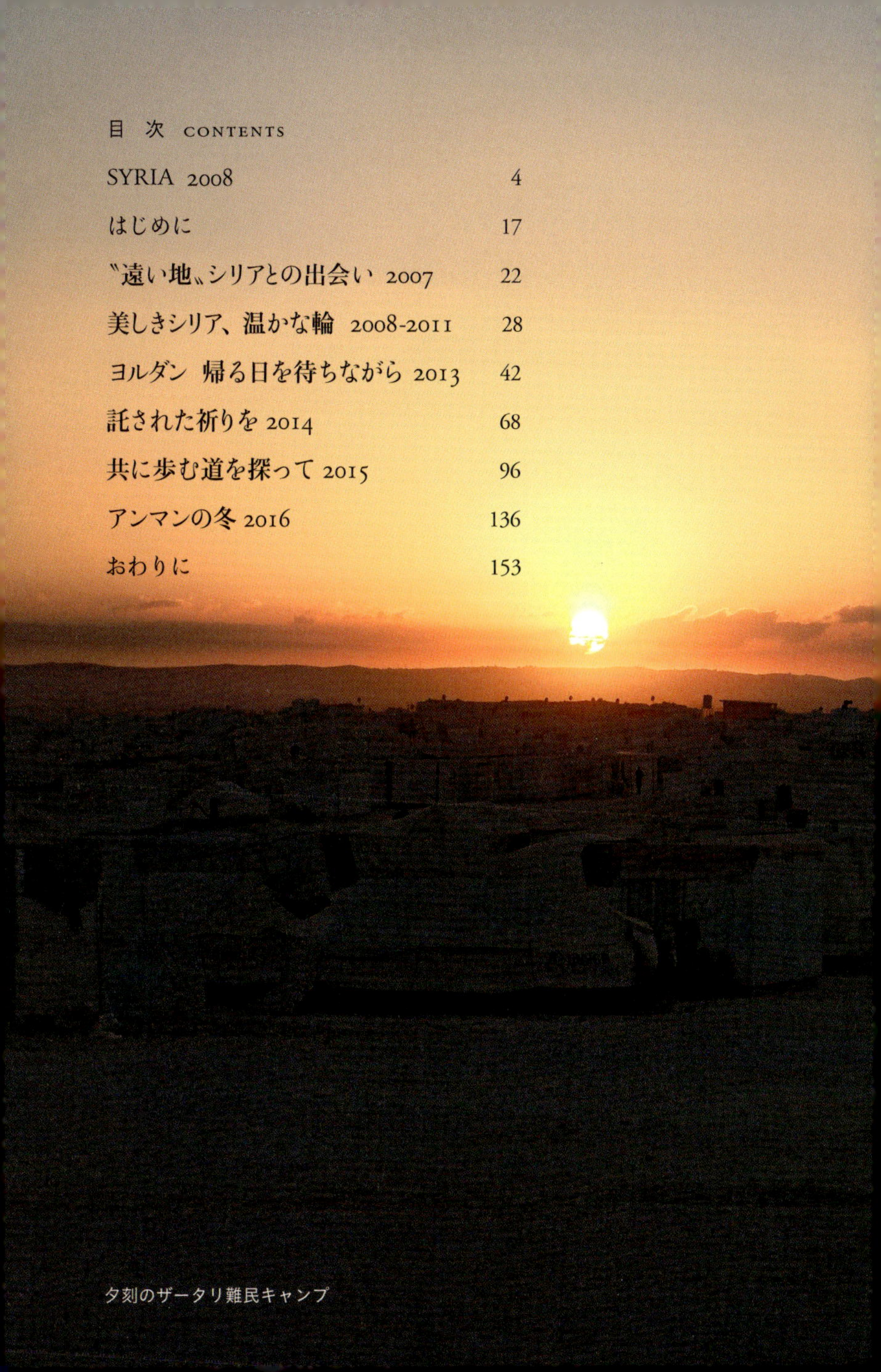

夕刻のザータリ難民キャンプ

SYRIA 2008
カシオン山から望む首都ダマスカス

SHAHBAA

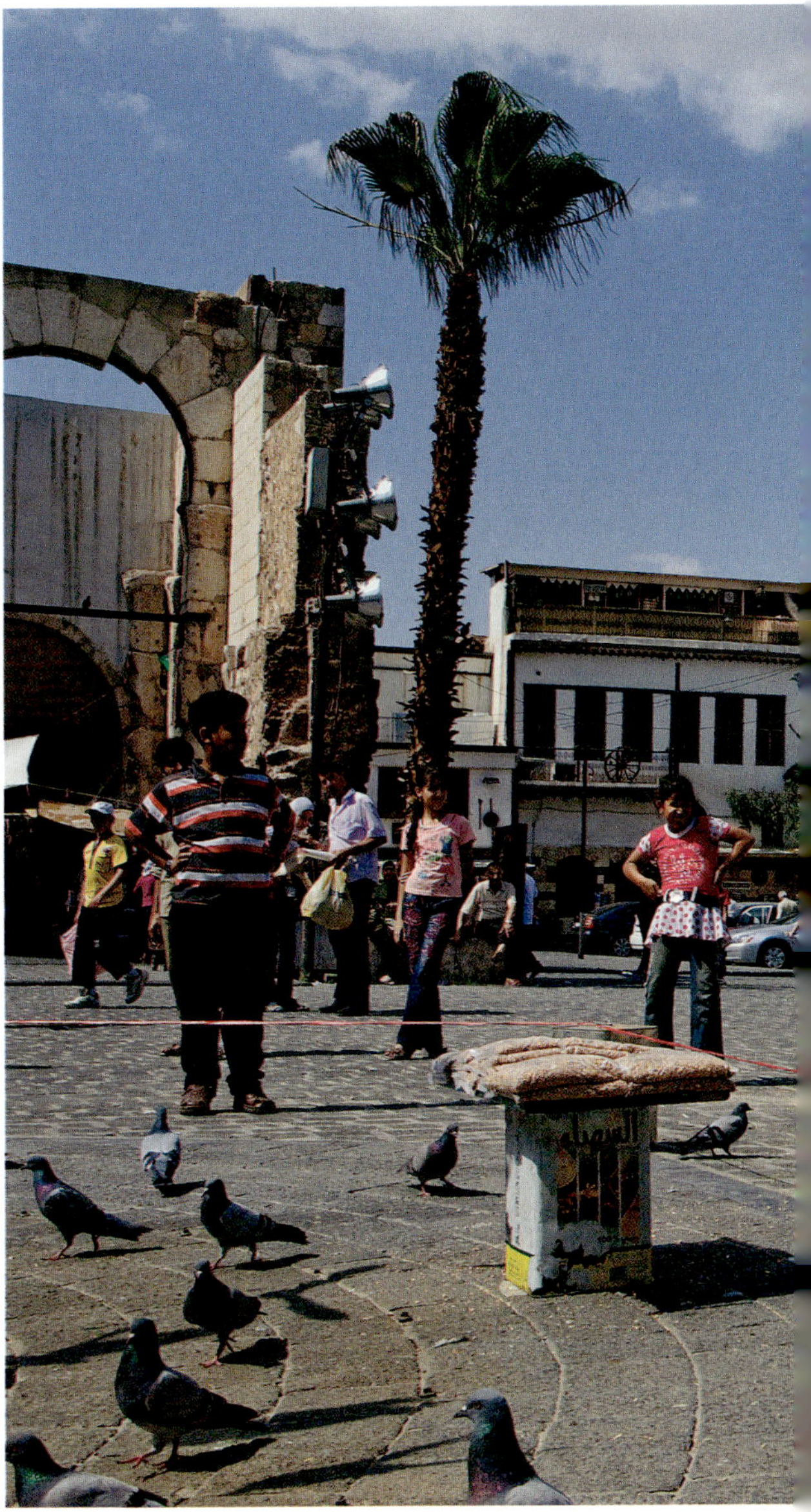

SYRIA 2008
ウマイヤド・モスク
前の広場

SYRIA 2008
スーク・ハミディアの入り口に立つシャイ（紅茶）売り

SYRIA 2008
ウマイヤド・モスク、ミナレットに臨んで

SYRIA 2008
ジャラマナの街角、
出迎えてくれた
子どもたち

TAXI اجرة
٧٧١٩

SYRIA 2008
カシオン山から見下ろす夜景

イラク北部ドホーク県。壁に描かれたアイラン・クルディくんの絵

はじめに

２０１５年9月、一枚の写真が日本で、そして世界の至る所で報道され、拡散されていった。

家族と共にシリアから逃れようとした3歳の男の子、アイラン・クルディくんが、息絶え、トルコの浜辺に打ち上げられた写真だった。それを機に、シリア難民の問題がにわかに注目され、イギリスは難民の受け入れ拡大を発表。「これこそ写真の力だ」――一部報道ではそんな言葉を耳にすることがあった。

今でもあの写真を思い返し、考える。確かにあの写真で、シリアの惨状に対する世界の関心は高まったのかもしれない。けれどもあの写真は、残されたアイランくんの家族の心を、寸分も癒しはしなかっただろう。むしろ余計に傷つけたのではなかったか……。衝撃的な報道は、最も傷ついている人々の痛みを置き去りにしているのではないだろうか……。

声にならない悲しみを黙殺するように、とめどなく何かが推し進められていくことが、時に恐くなることがある。そしてこうも考える。自分がこれまで取材してきた家族たちにも、写真で同じ悲しみを突きつけてしまっているのではないだろうか、と。

今もなお、シリア国内にとどまらず、パリやバグダッド、ベイルート、イスタンブール、そしてジャカルタと、テロの脅威は続いている。悲劇が平和への祈りではなく、恐怖を駆り立て憎しみへと向かうことに、やるせなさを感じずにはいられなくなる。

大学時代、偶然の出会いから、写真で「現場」を伝える仕事に携わるようになった。それからまだ数年とはいえ、この仕事を続けていると、写真が人を傷つける面ばかりが目につくことがある。そのたびに、自分の仕事に疑問を抱かざるをえなくなる。けれどもそんなとき、再び気持ちを前へと向かせてくれたのは、日本で出会った子どもたちだった。

あるとき宮城県の小学校で、シリア難民の話をしてほしい、と声をかけてもらったことがあった。全学年が同じ場にいる中で、どんな風に話を組み立てればいいのか、直前まで頭を悩ませた。1年生にはかみ砕いた言葉で説明しなければ理解しづらくなるが、それでは6年生には退屈だろう。

そこで話の前に、内戦前のシリアの首都ダマスカスの風景を見せることにした。屋根の隙間から優しい光が差し込む、古めかしい市場の写真がスクリーンに映し出されると、子どもたちからわっと歓声があがった。「きれい！」「これほんとにシリアなの？」。予想を超える反応が返ってくる中で、1年生の一番小さな女の子が「はい！」と手をあげた。

「ねえねえ。こんな綺麗な場所、どうして壊しちゃうの？」

あまりにも真っすぐな言葉に、一瞬どう返していいのか、答えに詰まった。自分の最も伝えたいことを集約すれば、彼女が発してくれた一言に尽きるかもしれない。彼女はあの写真から、それを一瞬で感じ取ってくれたのだった。写真で伝えることを諦めないで、と背中を押されたような思いだった。

アイランくんの写真が世界中を駆け巡ったあの9月、私はちょうど都内でシリア難民の取材をまとめた写真展を開いていた。日本のニュースでもこれまでになくシリアや難民の現状が報道され、写真展にも連日取材が入った。これまで殆ど顧みられることがなかったものに、急に光が当たる。突然の流れの変化に、戸惑うほどだった。

来場者の中には、小さな子どもを連れた親御さんたちの姿も少なくなかった。「自分の子どもがもしあんなことになったら、と思うと、とても他人事には思えなかったんです」――そんな切実な声が聞かれた。

現場にいて改めて感じるのは、もともと「難民」だった人はいないということ。そもそも「難民という人」はいない、ということだ。逃げてきた経緯も、家庭環境も、もともとの仕事も違い、けれどもそれぞれがかつては、平和な日常を生きていた。ある日突然、それが壊されてしまうまでは。衝撃的な映像が飛び交い、逃げ惑う人々が「難民」というくくりで絶えず伝えられることで、一人一人の声がかえってかき消されてしまうのではないだろうか。だからこそ、顔と顔を合わせ、「置き去りにされた悲しみ」に耳を傾け、それを写真に込めて持ち帰ること。それが今、フォトジャーナリストとして私がすべきことなのだと、写真展を機に改めて感じた。ファインダー越しに向き合ってきた人々の生きる姿を、一人でも多くの人々と共有したい。今、シャッターを切る一枚一枚の写真が、そんな私の願いそのものだ。

アイランくんのニュースが連日報道されるようになると、援助関係者からは「なぜ今更!」と怒りにも似た声があがった。この問題は今に始まったことではない、ずっと見過ごされてきたのだ、と。けれどもまだ、遅すぎるわけではないはずだ。日本から〝遠い〟といわれるあの地で今、何が起きているのか。心の距離をどう、縮めていけるのか。それを探りながら続けた取材の一端を、写真と言葉でこれから綴りたいと思う。

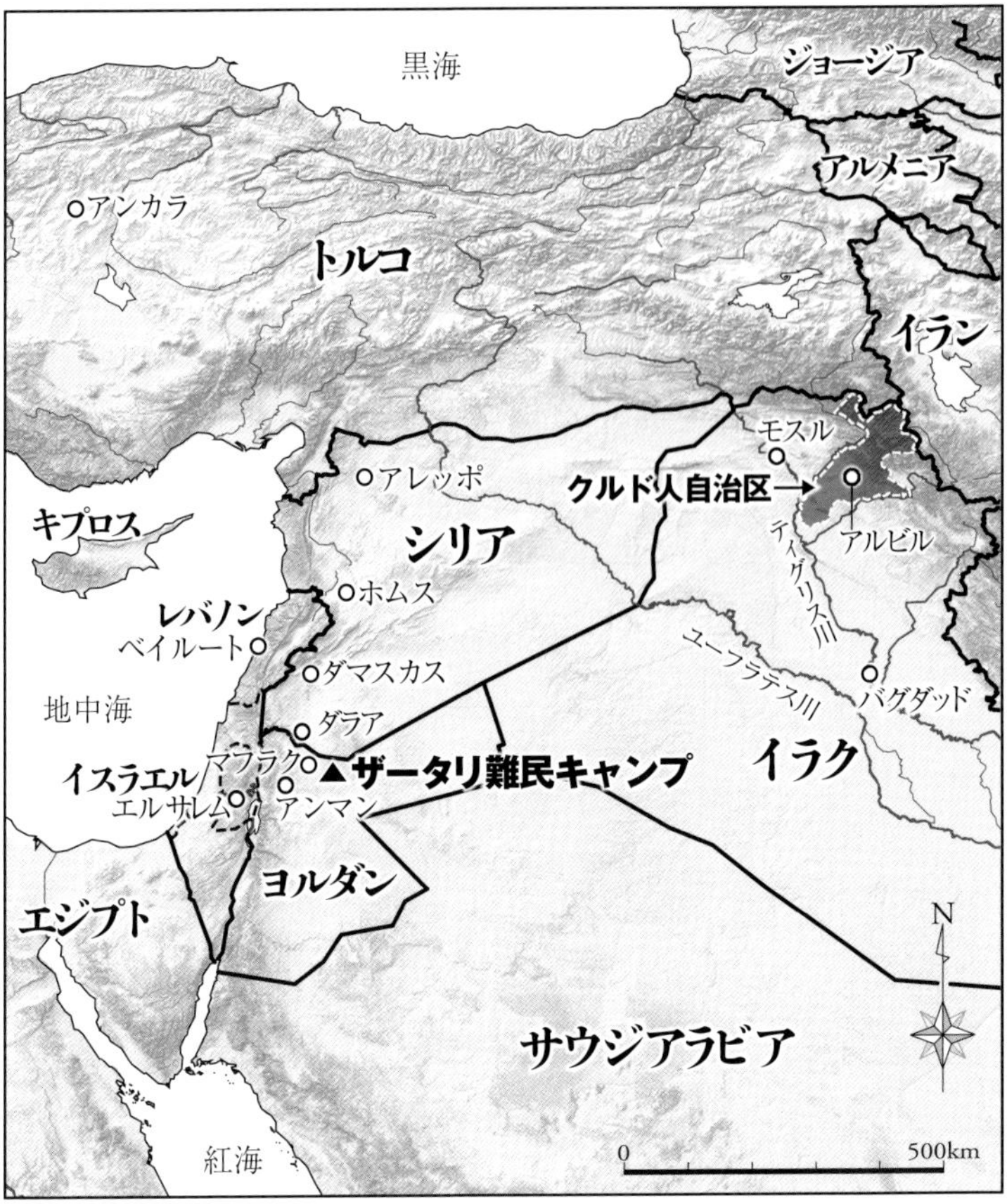
黒海
ジョージア
アルメニア
アンカラ
トルコ
イラン
モスル
クルド人自治区
アレッポ
キプロス
シリア
アルビル
ティグリス川
ホムス
レバノン
ベイルート
ユーフラテス川
ダマスカス
バグダッド
地中海
ダラア
マフラク
▲ザータリ難民キャンプ
イラク
イスラエル
エルサレム
アンマン
ヨルダン
エジプト
N
サウジアラビア
紅海
0
500km

反政府軍として命を落としたという、
難民キャンプに暮らす少女の兄、生前の写真

〝遠い地〟シリアとの出会い

2007

〝真実〟の見える場所

シリア。この国の名前を聞いて今、私たちは何を思い浮かべるだろう。激しい戦闘、あふれだす難民。今ではどのニュースを見ても、映し出されるのは渇いた大地や悲痛な顔ばかりだ。シリアが戦地、戦場という文脈でしか語られなくなってしまったことが、時折もどかしくなることがある。それは私の記憶に残るこの国の様相が、どれも温かなものばかりだからだろう。２０１１年に内戦に突入するまでのシリアは、比較的治安の安定した国として知られ、欧米からのバックパッカーの姿を見かけることも多かった。

もともと縁があったわけではないシリアと私がつながった最初のきっかけは、大学時代、２００７年までさかのぼる。当時私は「あしなが育英会」という、親を亡くした、あるいは親が重度の障害で働けなくなった家庭の学生たちの集う場を築いている団体に、ボランティアとして関わっていた。その活動の一環で、世界中から親を失った子どもたちを招き、山中湖近くでキャンプをしようという企画に携わることになる。

22カ国から集った１００人もの子どもたちのバックグラウンドはさまざまだった。スマトラ沖地震の津波の被害を受けたインドネシアの子どもたち、エイズ孤児となったウガンダの子どもたち、9・11のテロに家族が巻き込まれたニューヨークの子どもたち。

そのうちの一人が、イラクからやって来た17歳の少年、アリ（仮名）だった。背がすらりと高く、顔立ちは一見すると欧米の少年のようだった。「ときどきイラクでも、外国人だと思われて英語で話しかけられるんだよ」と照れくさそうに笑う。

父親は病気で他界し、母親と姉と共に親戚に助けられながら暮らしているのだという。彼の一家が住んでいたのは、イラク北部のクルド人自治区にほど近い、モスルという街だった。当時、イラクの中でも特に治安の悪化が懸念されていた場所だ。

「日本は信じられないくらい平和な国だね」と彼は時折遠くを見るような目をした。

「何も警戒せずに夜遅くまで外を歩き回って、安心しきって眠る。生まれた頃から戦争がはじまっていた僕たちにとって、それは〝奇跡〟に近いんだ」

アリが生まれた翌年である１９９０年に、イラクがクウェートに侵攻、多国籍軍が派遣され、湾岸戦争がはじまった。２００３年のイラク戦争では、彼の暮らすモスルでサダム・フセインの息子であるウダイとクサイが米軍の銃撃によって殺害され、その後もアメリカの占領に抗議する自爆テロが散発的に続いていた。私たちが何の疑問も感じずに過ごしている日本での日々が、彼らにとっては〝奇跡〟なのだ……当時はまだ、海外といえばカンボジアやタイのような東南アジアにしか赴いたことがなかった私にとって、中東は遠い彼方で、教科書や新聞の紙面の中の世界でしかなかった。

「撃たれたこと？　僕は幸い足をかすめたくらいで済んでるよ」と、自分よりも年下の10代の少年が、諦めたような笑いを浮かべ話していることが、今までに感じたことのない生々しい衝撃となって私の心に突き刺さった。〝異世界〟で起きていることが、一気に目の前の〝あなた〟のこととなり、その地と私の心の距離を縮めていった。

「帰国したら、連絡は基本的にメールでね。英語を喋っているところを人に見られるのはよくない。神経を使うよ」

そう言い残してアリは帰国した。そんな彼が自国イラクを逃れ、避難民としてシリアへと身を寄せているというメールを受けたのは、それから数カ月後のことだった。

それまでイラク戦争についてのニュースはそれなりに調べたことがあったが、隣国シリアについての知識は浅く、ただただ「テロが起きそうなところ、危なそうなところ」という、誤解も含んだ安易なイメージしか抱いていなかった。シリアもイラクも〝中東〟とひとくくりにしてしまうような断片的な情報しか、この時の私はまだ持ち合わせていなかったのだ。

シリアはイラクからの避難者を基本的に受け入れる方針を示していたため、２００８年の時点で既に１００万人以上のイラク人がこの国に流れ込んでいるともいわれていた。戦地の隣国、難民の生活は困窮している、そんな細切れの前知識しか頭になかった当時、どんな酷い状態の国なのかと、テントが砂地に立ち並ぶ、悲惨な難民キャンプのような光景ばかりが、私の想像の中で膨らんでいった。

「〝中東〟は遠いって前に言ってただろ？　だけどここに来さえすれば、真実が見えるよ」

そんなアリの言葉が、私とシリアを出会わせることになる。

カシオン山から眼下のダマスカスの
風景を楽しむ人々

美しきシリア、温かな輪 2008-2011

見せたい場所がある

２００８年２月、アリに会うために日本を飛び立ち、まずは経由地のドバイへと向かう。そこで乗り継いだシリアの首都ダマスカスへの小型飛行機の中は、口やあごにひげをたくわえた男性たちや、ヒジャブ（頭髪を隠すスカーフのような布）姿の女性ばかりになっていた。当時ようやくカメラを持ち始めたばかりの学生だった私にとって、それだけで異世界に迷い込んだような緊張感があった。よほどおろおろとして見えたのだろう、隣に座った小太りの中年男性が片言の英語で話しかけてきた。

「日本から来たって？　ようこそ、ダマスカスでの日々は素晴らしいものになるはずだよ」

空港で出迎えてくれたアリは、予想に反して顔色もよく、疲れた様子もさほど色濃くはなかった。

「本当に来てくれたね！　一緒に見たい風景がたくさんあるんだ」

シリアはアラブ諸国の中で最も北に位置する国だ。中東といえば砂漠、というイメージを持たれがちだが、比較的気候や地形の変化にも恵まれている。農業国として知られ、郊外に足を運ぶと、特に雨季には青々とした畑が彼方まで広がっている。首都ダマスカスの旧市街地ではいくつもの建造物が世界遺産に登録され、シルクロードの時代が目の前に蘇ったかのようなスーク（市場）が連綿と広がっていた。道の両側には色とりどりの服がつり下げられた店、アレッポ石鹸がぎっしりと並ぶ雑貨屋、そして香ばしい匂いを漂わせるパン屋などが軒を連ねる。

「あそこのお店は１００年くらい続いている名店らしいよ」

アリが指さしたその店の軒先では、カップからあふれ出るほど盛られた真っ白なアイスクリームが所せましと並べられ、人々が列を作っていた。表面を覆い隠すほどたっぷりとナッツをかけてもらい、それをほおばりながらスークを抜けていくと、ウマイヤド・モスクと呼ばれる、世界最古ともいわれるモスクの広場にたどり着く。

「あれはイランからツアーで来た集団だね」

ちょうど真黒なチャドル（顔だけ出して体全体を隠す衣装）をかぶった女性たちが、大型バスから降りてきたところだった。髪の毛や体の隠れる衣装を借りれば異教徒でもこのモスクに入場することができた。欧米からの観光客と思しき人たちが頭からチャドルのような衣装をすっぽりかぶって出入りしている姿も、時折目にした。

スークやモスクの周りを歩きながら、「シリアへようこそ！」と、すれ違う人々に何度声をかけられただろう。近くの売店で「水を買いたいんだけど、これしかなくて」と私が大きなお札を取り出すと、「いいよ、いいよ、プレゼントだ」と売店のおじいさんが顔をしわしわにして笑った。見知らぬ人々から優しさを受け取るたびに、この国に来るまでの緊張感がほぐれていった。

アリが滞在していたのはジャラマナと呼ばれるキリスト教徒が多く暮らす集落だった。アサド政権はイラク人たちに国境を開いてはいたものの、難民の固定化を恐れ、彼らを一時的な〝ゲスト〟として扱い、キャンプなどを公に築くことは避けていた。〝難民〟と聞くとテントなどを並べて暮らす光景を思い浮かべるが、多くのイラク人たちはアパートなどで身を寄せ合い、シリア国内ではなくヨーロッパなどへの第三国定住の許可がおりるのを待っていた。ジャラマナも教会が立ち並んでいること以外は、とりたてて他の集落と変わった様子のない住宅街だった。

私のような外国人が滞在すること自体が珍しかったこともあり、数日もすると近所に暮らすほとんどの子どもたちに顔も名前も覚えられていた。「ナンシー（私のアラブの名前）お帰りなさい！」と、私が戻るたびに通りで遊んでいた子どもたちが大合唱で出迎えてくれる。

イラク人たちの半ばたまり場になっている携帯ショップの向かい側には、同じくイラクから避難してきていた老人と孫がパン屋を営んでいた。朝になると焼きたてのパンをほおばり、仕事に行く前の人々と談笑しながらシャイ（紅茶）をすする。そんなときに「ところで、今夜の夕食はどうするんだ？」と、必ず聞かれる。縁がまた縁を呼び、イラク人シリア人問わず毎日のように誰かの家に食事に呼ばれるようになった。その後も吸い寄せられるように何度もこの国に通ったのは、人を全力でもてなす彼らの輪に触れたかったからだろう。

そんな人々の温かみもさることながら、一番夢中でシャッターを切ったのは、アリをはじめイラク人、シリア人何人かと一緒に車を借りて訪れた、街を俯瞰するカシオン山だった。イスラムの世界では金曜日が、安息日と呼ばれる休日だ。金曜日の夕方のカシオン山は、家族連れやピクニックに来た若者たちが山肌の至る所にシートを敷き、眼下の風景を楽しんでいた。旧約聖書にも登場するというこの山からは、ダマスカスに立ち並ぶ家々の石壁がオレンジ色の光に照らし出されていく様子が一望できた。そして日が落ちると、それが宝石箱をひっくり返したような夜景に変わっていく。

「ほら、緑色の光がいくつも見えるだろう？　モスクのミナレット（塔）から放たれている光だ。平和の象徴だよ」

私が到着してからずっとはしゃいでいたアリが、〝平和〟という言葉を口にした瞬間、初めて寂しそうな顔をした。たとえ今、彼自身が安全な場所に退避していても、母国イラクの情勢がその間に劇的に改善されるわけではない。こうしてほっとする風景を目の当たりにしても、彼の脳裏から変わりゆく故郷のことが離れる瞬間はないのかもしれない。形としてシリアに迎えられてはいるものの、イラク難民がここで働くことは許されていなかった。彼らは暮らしを立てるため、ときには人目を盗んでこっそりと働かなければならないこともあった。アリ自身、ジャラマナの携帯ショップを手伝い、親戚たちも工場などで不法労働を続けていた。何か少しでもトラブルを起こせば、イラクに送り返されるかもしれない。彼らは常に、どこか怯えながら生活を送っていた。

故郷を逃れたイラク人たちにとってだけではなく、シリアの人々にとっても、ここは決して「美しい」という言葉だけで語れる国ではないことも確かだった。人々は政治的な話題には非常に敏感だった。シリア人の友人に「そうそう、アサド政権は……」と路上で話しかけると、「し！」と少し慌てた様子で言葉をさえぎった。

「たとえ日本語でも英語でも、その名前を口にしないでくれ。秘密警察って日本にはいないのかい？」

ただひとたび家の中に入ると、「まったく物価は上がる一方なのに、政府は何もしやしない……」と不満を漏らすこともあった。

大国の狭間で

１９７０年に就任した先代のハーフェズ・アサド大統領から、現職のバッシャール・アサド大統領まで、アサド家のシリア支配は既にこのとき40年近く続いていた。アサド家は〝アラウィー派〟という、土着の山岳宗教に属している（シーア派の一派として扱われることもある）。アラウィー派はシリアの人口の10％ほどの少数派であり、長らく社会の最底辺として扱われてきた歴史を持つ。彼らが今の時代に権力を握っているのは、第一次世界大戦後にフランスがこの地を占領する際に、それまでの力関係を逆転させ、アラウィー派を支配層へと押し上げた、その名残からだ。形として共和政を敷いてはいるものの、実質はアサド氏率いるバアス党体制が揺るがなかった。公共の施設ではもちろんのこと、街中至る所でアサド親子の写真が掲げられ、静かな抑圧が人々の生活の裏に垣間見えていた。

ロシアやイラン、北朝鮮と関係の深いシリアを、アメリカが１９７９年に「テロ支援国家」に指定して以来、この国を取り巻く情勢に不穏な空気が漂いはじめたという。けれどもまさかこれほどまでの戦乱が起き、そしてこれほどまでに終わりの見えない泥沼になっていくとは誰も予想していなかった。

日本で東日本大震災が起きた２０１１年３月、シリアで最初の大規模な民衆蜂起、反政府デモが南部のダラアという街で起きた。その波は国中に広がり、内戦へ突入する。「なぜシリアの内戦は終わらないのですか？」と聞かれることがたびたびある。それを一言で説明するのはなかなか難しい。元は少数派のアラウィー派であり、なおかつシーア派のイランの影が色濃いアサド政権に対し、賛同的でない他のアラブ諸国やアメリカがいる。同じようにイランの影響が隣国シリアで強まることを恐れるトルコ、逆にアサドを擁護しようとするロシア、背後には幾重にも他国の思惑が重なり、体制、反体制問わずあらゆるルートでこの国に武器や傭兵が送り込まれ続けてきた。そして国内の反政府側の勢力が力を一つにできない中、他国の〝アラブの春〟のように、アサド政権はやすやすとは倒れなかった。やがてどちらの覇権も及ばない権力の〝空白地帯〟で、イスラム過激派が勢力を伸ばしていく。その一つが、今や世界中が警戒を強める過激派組織〝イスラム国〟、ＩＳだ。

２０１４年９月には、ＩＳの脅威を食い止めようと、遂にアメリカをはじめとした有志連合軍が空爆へと踏み切った。その１年後の２０１５年９月、今度はロシアも大々的な空爆を開始。けれどもそこで犠牲になっているのは、ＩＳに関わる人間たちだけではなかった。ロシアが空爆を開始して以来２０１６年１月まで、巻き込まれた一般市民は１０００人以上、そのうち子どもも２００人以上だとする人権ＮＧＯの発表も報道されている。ＩＳだけではなく、アサド政権と戦う反政府勢力も狙った無差別の空爆が続くのは、ロシアが政権を擁護しようとする思惑があるからだ、とアメリカは強く非難した。

２０１５年11月24日には、トルコがロシア軍爆撃機を撃墜、両者の言い分が食い違う中で、「テロリストの共犯者に背中から撃たれた」とロシアはトルコを非難している。ＩＳ壊滅を目指す有志連合として空爆に参加しているにもかかわらず、かねてからＩＳの資金源である石油の密売に一部政府関係者も加担しているといわれているトルコを、暗に批判したものだった。ここまで来ると単純な敵味方として、二分してとらえることは不可能に近くなる。

こうして大国の狭間で揺れながら、今、戦場と化したシリアから大量の難民たちが脱出を試み、ヨーロッパを目指している。混乱の中で家を追われ、国内外に逃れている人々の数は１０００万人を超えたとされている。人口２０００万人ほどの国での１０００万人。半数もの人々が、当てのない避難生活を送っていることになる。この５年間で戦禍は収まるどころか、熾烈を極めるばかりだ。

２０１１年、シリア南部の街ダラアでの最初の反政府デモが起きた後も、シリアと出会うきっかけを作ってくれたイラク人のアリは、しばらく首都ダマスカスに残っていた。「あれは南部の一部だけだ。ダマスカスは平穏だよ」と彼自身も楽観視していた。

「それより日本は大丈夫？　大津波の映像はこっちにも届いているよ」

「津波の状況は大変だけど、そっちも心配だよ。何かあったらまず、身の安全を第一に考えてね」

そんな電話でのやりとりが何度か続いていた。やがてダマスカス周辺にも不穏な空気が立ち込めはじめ、彼は再びイラクの故郷モスルへと戻っていった。２０１４年、そのモスルがＩＳによって陥落、彼は更に東の街へと追い込まれていく。当時、避難先の街で電話に出た彼の声は、それまでに聴いたことがないほど疲れ切っていた。

「ねえ、今度こそもう終わりだよ。夜中の2時に突然家を追われて、服の1枚さえ持ち出す余裕はなかったんだ。そこから16時間歩き通しだ。君もシリアで僕の母親に会ったから、足が悪いのは知ってるだろう？　親戚と交代で背負って歩き続けたんだ」

ＩＳの存在は今、シリア、イラクに止まらず、パリでの同時多発テロをはじめ、世界の至る所で脅威となりつつある。


あの時シリアで出会った子どもたち、お世話になった人たちはどうしているだろう？あの美しかった風景はどうなっているだろう？　今、日本でニュースが流れるたびに、画面越しにしかあのときの風景に触れられないことが、もどかしくてたまらなくなる。たとえ触れることができたとしても、その風景は私の記憶に残っているそれとは大きく様変わりしてしまっているかもしれない。

日を追うごとに出口が見えなくなっていくシリアの状況に、何か関わりたいと思いつつも踏ん切りがつかず、内戦勃発から1年以上の月日が経っていった。

2012年8月、取材地であるタイ国境の農村から、ちょうどカンボジア都市部へと抜けてきた日のことだった。久しぶりにメールを開いてみると、緊張した文面がいくつも目に飛び込んできた。「今どこ? シリアじゃないよね?」友人たちからの安否確認のようなメールだった。急いでBBCニュースを点ける。「日本人女性ジャーナリスト、シリアで死亡」――そんな見出しが目に入った瞬間、画面の前で呆然と立ちすくんだ。犠牲になったのはジャーナリストの山本美香さんだった。シリア北部の街、アレッポで取材中に銃弾を浴び、帰らぬ人となってしまった。この仕事を志したときから、彼女の本を何度繰り返し読んだだろう。アフガニスタンやイラク、戦地で数々の経験を積んできた美香さんは、私からすれば「大先輩」だった。そんな彼女が突然亡くなったことを、すぐには受け入れられなかった。

その後、彼女のこれまでの取材や生き方を伝える番組や書籍がいくつも発表されたものの、そのたびにぬぐいきれない違和感が募った。亡くなった人を悼む時間は、もちろん欠かすことのできないものだろう。けれども彼女の足跡を讃えるだけでいいのだろうか。彼女が最後に伝えようとしていたシリアで起きていることに、どれほど目が向いているのだろうか。

彼女のように私もシリアに足を踏み入れよう、と考えたこともあった。そんな矢先に、先輩フォトジャーナリストからこんな言葉をかけられた。

「最前線で取材をする人間も、確かに必要だよ。戦争の火花が散っているところは、何とかニュースになる。今日起きたテロ事件だったり、亡くなった人の人数だったりね。だけど本当に声を出せない人たちは、その外側にいるんじゃないかな」

新しく起きたことを伝えるのが〝ニュース〟だとすれば、時が経ち、根深くなっていった問題はすでに〝ニュース〟ではなくなり、伝えられる機会が減っていくのだ。シリアの隣国で、故郷に帰る日を待つ人々を取材しようと考えたのは、それからだった。

夕刻、砂埃に覆われるザータリ難民キャンプ

ヨルダン　帰る日を待ちながら

2013

檻の中の〝街〟

シリアの南に国境を接する国、ヨルダン。この国に内戦以来の2年あまりでシリアから流れ込んできた難民は登録されているだけでも60万人以上といわれている。ヨルダンは人口600万人強ほどの小さな国だ。ここで暮らす人々の10人に1人がシリア難民、という状態が、この国を圧迫し続けていた。

2013年11月、この地でも昼間の風が少しずつ冷たくなってくる季節だ。首都アンマンから車を北へ走らせること2時間、都会の喧騒を抜け、乾ききった大地の真ん中を、不釣り合いに舗装されたハイウェイが真っすぐにのびている。時折車道すれすれの場所を歩くヒツジの群れやラクダを連れた遊牧民たちを追い越していく以外は、とりたてて車窓からの風景に変化はない。やがて分厚く立ち込める砂埃の向こうにぼんやりと、白く何かに覆われているような大地が見え隠れしはじめる。ヨルダン国内最大の難民キャンプ、ザータリ難民キャンプ。シリア国境からわずか十数キロ地点に位置し、もともと最大6万人を想定して作られた。1周15キロほどの敷地の中に、8万人を超える人々が暮らしているという。白っぽく見えていたのは、所せましと並ぶプレハブやテントの屋根だった。2012年の開設以来、一度に俯瞰することができないほどの規模に膨れ上がってきたこのキャンプ。鉄柵や大きなフェンスこそ周りにないものの、小さな堀にぐるりと囲まれ、ヨルダン軍が所々に兵士や戦車を配置し監視を続けている。

中にたどり着くまでには二重のゲートを潜り抜ける。私たちの車の中を怪訝そうにのぞき込む警官たちが、不機嫌な顔でヨルダン政府の取材許可証に目を通し、投げ捨てるようにこちらに返す。その傍らでは別の警官に、何かを声高に訴え続ける老婆たちが集まっていた。外に出たいと願い出ているが、なかなか首を縦に振ってもらえないらしい。まるで見えない壁に囲まれた、檻の中の〝街〟。それが最初の印象だった。

中に入ると車2台分ほどの幅の主要な道路が数本あるものの、あとは曲がりくねった細道や、いびつな更地が無秩序に伸びている。聞けば次々にたどり着く難民たちの管理が追いつかず、その間に彼らが勝手にテントの位置を変えてしまったり、プレハブの敷地を広げてしまったり。そんなことが相次いで、迷路のような入り組み方になってしまったそうだ。これといった目印になる大きな建物が殆どない中で、誰かを訪ねるにしても、道を説明するにしても一苦労だ。

時折視界を覆うほどの砂埃が舞い上がり、人々が顔をしかめる。更地だった場所に急

ザータリ難民キャンプ
雑然とテントやプレハブが並ぶ

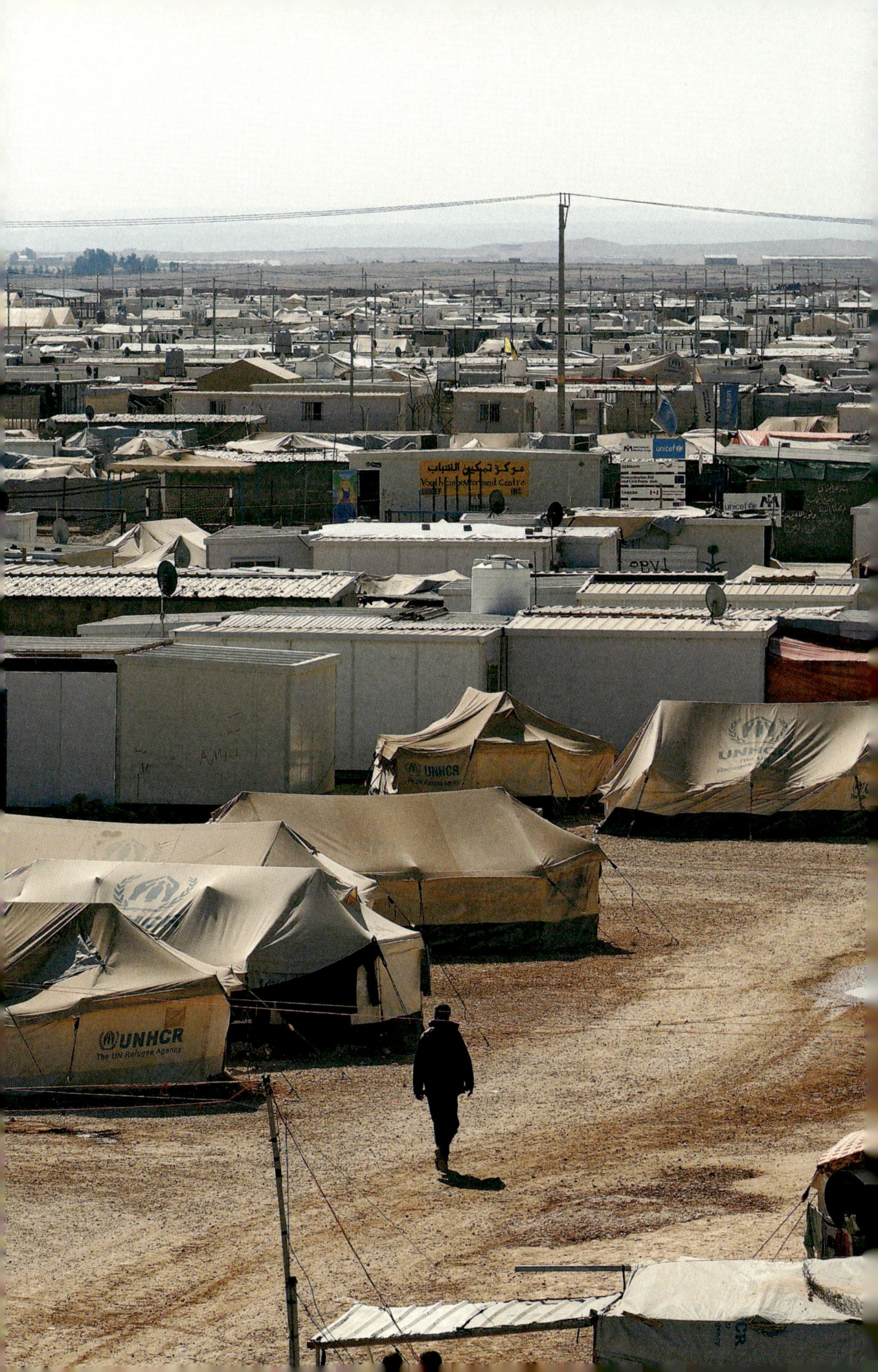
مركز تمكين الشباب
Youth Empowerment Centre
unicef
UNHCR
The UN Refugee Agency

遠築かれたキャンプでの生活は、当然居心地のいいものにはなりえない。砂地の環境はどの季節も苛酷だ。特に夜にはがくっと気温がさがり、体力を容赦なく奪っていく。

気候ばかりではない。国連事務所のある一角から離れ、キャンプの周縁を歩いているど、ドアのない仮設トイレや、水がちょろちょろとしか出ない給水タンクを頻繁に見かける。砂地の真ん中で生きていくためには、どちらも欠かせない設備のはずだ。私が初めて訪れた２０１３年には、そんなインフラの不備が目についた。無秩序に広がり、一つの〝街〟と化してしまったこの場所を、もはや国連やヨルダン政府だけの力では管理しきれなくなっていたのだ。


「ほら、ここが噂のシャンゼリゼ通りよ」

この日はキャンプ内で働くヨルダン人のＮＧＯ職員が案内役をかって出てくれていた。彼女の指さす先には、小さな掘建て小屋やプレハブの商店小屋が隙間なく立ち並び、老若男女、あらゆる世代が絶え間なく行き来していた。誰が最初に呼び始めたのか、キャンプのメインストリートが、巷では〝シャンゼリゼ〟と呼ばれているのだ。人口が増えるにつれ〝シャンゼリゼ〟だけではさばききれなくなり、角を曲がった通りには〝五番街〟と呼ばれる商店街もできはじめていた。

　ここで暮らす人々は、キャンプを自由に出入りすることも、ヨルダン国内で労働することも基本的には許されていない。着の身着のまま、貯金を持ち出す暇もなく逃れてきた彼らにとって、収入を得る道は殆どないに等しい。国連から給付されるクーポンも、最低限の食料や日用品が何とか買えるぎりぎりの額だ。ならば彼らはどうやって、この通りを築いてきたのだろう。

　国連の配給テントの前に、ホブズと呼ばれるパンの袋を受け取ろうと人々が列を作る。ところが、ようやく手にしたそのパンを、テント脇の小路で即座に売りに出す親子がいた。

「突然家を焼け出されて、貯金を持ち出す暇もなかったんです」

　3カ月前にたどり着いたばかりだという、4歳の息子を連れた父親がため息をついた。深く帽子をかぶり直し、周囲を少し気にしている。こうして支給されたばかりの物資を道端で売り出すことに、居心地の悪さを感じずにはいられないのだろう。

「知っての通り、ここでは自由な出入りも、外での労働も許されていません。だからこうして自分たちの食べ物を削って、お金を持ち出すことができた人たちに売っていくん

わずかしか水の出ない
蛇口の周りに、
子どもたちが集う

です」

けれども当然、閉ざされたキャンプ内だけのお金のやりとりでは、やがて立ち行かなくなってしまうだろう。キャンプを囲む堀に目を向けると、ちょうど小さなリアカーにテントやマットを載せた青年たちが、身をかがめながらそそくさとキャンプの外へと駆けていくところだった。一部の人々はこうして配給された物資を、監視の目を盗んでキャンプ外に売りに行くのだという。「国連のテントは質がよくてね、遊牧民たちに高く売れたよ」と苦笑いしながら難民の一人が教えてくれたことがあった。こうして得たヨルダンの通貨、ディナールを元手に、またこっそりと品を外から仕入れ、キャンプ内で徐々に商売を始める。長引くキャンプ生活の中で、そんな積み重ねがこの大きな商店通りを築いたのだ。あまりに規模が広がり、もはや監視する側も半ば見て見ぬふりをしている状態だった。

生き抜くために闘うそのたくましさに、ただただ脱帽した。外から仕入れたと思しきつやつやしたナスやキャベツ、瑞々しい野菜を並べる店を眺めていると、ひげをたくわえた背の高い青年が店の小窓から顔を覗かせた。

「最近食料は、一部の配給以外、皆クーポン制なんだ。そのクーポンを、キャンプの中にある特定のスーパーで品物と交換するんだよ。だけど国連も資金難なんだろう？　クーポンの額が、日が経つごとに減らされる一方なんだ。実はスーパーよりも、そこらの農家から仕入れてくる俺たちの方がずっと安く品を売ってる。それで皆クーポン自体を売っぱらって、このシャンゼリゼに買い物に来るってわけさ」

おかしな話さ、とばかりに野菜売りの青年は肩をすくめる。

ちょうど夕方前の買い物時間なのだろう。往来の増えてきた人込みをかき分けるように私たちがシャンゼリゼを通り過ぎようとしていたその時だった。

「おい、ヨルダン人！」

案内をしてくれていたＮＧＯ職員の肩を、突然ぐいと誰かがつかんだ。一人の女性が今にも殴りかからんばかりの剣幕で、彼女をにらみつけていた。ヒジャブから見え隠れする目はくぼみ、顔全体を覆うほどの皺は、彼女をつかむ骨ばった手にも克明に刻まれている。

「ここに私たちを笑いに来たのか？　お前たちどうせ、外で豊かな生活をしてるんだろ！　目障りさ、とっととここから消えて帰っておくれ！」

声を荒らげて叫び続ける彼女を誰かが遮るわけでもなく、買い物客たちが黙ってその

買い物客でにぎわうシャンゼリゼ通り

معرض الشام

様子を遠巻きに見つめている。何の反論もできない私たちを尻目に、彼女はいまいましそうにその場を去ってしまった。私たちも静かにその場を後にするしかなかった。残っていた買い物客たちの視線がまだ、背中に刺さっているような気がして、思わず足早になる。

「ねえ、彼女はどうして私のような外国人ではなくて、あなたにこんなことを言ったのかしら？」

「そうね、同じような言語を話す人間同士だからこそ、なぜ自分たちだけがって、受け入れがたいのかもしれないわ」

目についたのはそんな大人たちの苛立ちばかりではなかった。この界隈では子どもたちも働き手となる。兄弟と交代で店番をする子どもたちの間を、乗用車ほどもある大きなリアカーに荷物を載せて、少年たちがせわしなく行きかう。皆小学生、大きくても中学生ほどの年齢の子どもたちばかりだ。突然ざわめきが起こり振り返ると、私たちが乗ってきた車の下に、荷物運びの少年が一人もぐりこんで何かを叫んでいた。あどけなさが残るその顔と背丈からして、まだ10代になったばかりの年頃だろうか。

「どうしたの？　何が起きたの？」

駆け寄って問いかけると、少年がますますすごむ。

「おい、このまま轢いてくれよ！　轢かれたらその分、外国人からお金がもらえるんだから！」

〝シャンゼリゼ〟が多少栄えたところで、ここでの生活が厳しいことに変わりはない。先の見えない生活でため込まれたストレスは、大人も子どもも限界に達しようとしているのだ。

「やめるんだ！　お前、誇りまで忘れちまったのか？」

ただただ戸惑っている私たちの横から周りの大人たちが止めに入ったが、その手を振り払うように少年はその場から走り去っていった。

「最初は〝難民〟と呼ばれることがたまらなく嫌だったんだ。何だか見下されている気がして。でも何度もそう呼ばれるうちに、慣れちゃった」

　以前取材した別の少年から、そんな話を聞いたことがあった。こうして〝難民の取材〟と銘打ってカメラを向けること自体が、彼らの誇りを傷つけているのかもしれない。それからの取材中も、その後ろめたさは心のどこかに残り続けた。

シャンゼリゼ通り、少年たちが荷物運びの仕事をこなす

安全がある、安全しかない

そのシャンゼリゼ通りからほど近い一角に、一際にぎやかな子どもたちの声が響く場所がある。キャンプ内にある学校の一つで、ちょうど音楽の授業が行われていた。キャンプ内にはサウジアラビアなどのアラブ諸国の出資で建てられた学校が3校あり（その後7校に増えている）、私が足を踏み入れた学校はバーレーンの支援で建てられたため、そのまま「バーレーン・スクール」と呼ばれていた。各学校はヨルダンの教育省の管轄となるため、ヨルダン式のカリキュラムが導入されている。シリアで充実していた音楽や演劇といった教科は、ここには組み込まれていない。そこで日本のＮＧＯ「国境なき子どもたち」などが中心となり、公式の授業内容とは別途、こうした情操教育のプログラムを提供しはじめていた。

子どもたちがいつか故郷に戻れた日に、授業に遅れのないように、ということだけが目的ではない。難民キャンプ生活が長引くほどに、苛立ちが募り、時には大人たちのストレスのはけ口として、子どもたちが暴力にさらされることもあるという。日ごろのキャンプ生活で溜まっている子どもたちの行き場のない感情を、ここで自己表現することによって吐き出してもらおうというものだ。

バーレーン・スクールでは小学校・中学校に通う年齢の子どもたちを対象にし、男の子と女の子の通う時間を分けていた。けれども8万人の人口に対して、たった3つの学校だ。一つの教室の中はいつも70〜80人の生徒たちであふれ、3人がけの椅子に4〜5人で座らなければならないほどぎゅうぎゅうになって授業を受けなければならなかった。電気が通っていない教室の中はいつも薄暗く、プレハブの即席校舎は天井の板が抜け落ちていたりとほころびも目立つ。後ろの席では文字が見えないからと、黒板前の床に座って授業を受ける生徒たちの姿もあった。

「ほら静かに！　静かに！　授業が始まっているのよ！」

始業のベルと共に、先生たちの大声、黒板をがんがんと叩く音が廊下にまで響き渡る。この学校で教壇に立つ教師の一人、ニダさん（23歳）は一番若手の先生だ。小柄で目が大きく、少しふっくらした顔が愛らしい。彼女自身もキャンプ内で生活を送っているシリア難民の一人だ。女性たちの多くが足元まであるゆったりした服を着ているため、彼女のお腹が大きいことに、私はすぐには気がつかなかった。1カ月後に出産を控えながらも、子どもたちと一緒に声を張り上げて母国の歌を歌う。

「必死になってると1時間ってあっという間ね。これだけ子どもの数が多いと、一つの授業を回すだけでも一日分の体力が必要だわ」と、時折いたずらっぽく笑って見せる。

「他の教室ものぞいたけれど、やっぱり音楽の授業が一番人気みたいですね」

「ええ。ヨルダン人の先生は時々、新しい歌を教えたがるんですけど、子どもたちはいつも、シリアで親しんでいた歌を歌いたがるんです。こうして皆で歌っているときだけ、自分たちの暮らしていた場所を楽しく思い出すことができるのでしょうね」

そう語る彼女自身も、黒板に母国の歌の歌詞を書き付けているときが、一番生き生きとして見えた。


授業を終えた教室の中は、歌声が響いていた楽しげな時間とはうって変わって、薄暗く、静まり返っていた。ニダ先生が砂糖をたっぷり入れたシャイ（紅茶）をすすりながら、ここにたどり着くまでの日々をぽつりぽつりと語ってくれた。生徒の前では気丈に振舞っていたその顔が、故郷での出来事を語り、言葉を一つ紡ぐたび、次第に陰を見せ始める。今は夫と1歳になる長男と3人で、小さなプレハブで暮らしている。彼女は、ザータリで暮らす人々の多くがそうであるように、最初に民衆蜂起があったダラアの出

校舎の中、床にしゃがんで
授業を受ける少女の姿も

身だった。その蜂起の前後から、ニダさんの暮らす集落にも戦火が忍び寄りはじめたのだという。商店も次々扉を閉めはじめ、働いていた学校も授業どころではなくなっていった。

そうこうしているうちに、夫に政府軍からの召集がかかった。拒否すれば彼自身に危険が及ぶかもしれない。けれども夫には、闘いに加わる意思はなかった。ニダさんの親たち、他の兄弟姉妹たちがまだ街に残る中、彼らの元を去り、隣国へと避難することには躊躇もあった。彼女は両親に共に逃れようと説得を試みたものの、「自分たちがここを離れてしまったら、子どもたちが戻ってこられる場所がなくなってしまう」と父も母も譲らなかったという。周りでは、軍人や大人たちだけではなく、子どもまでが次々と戦闘に巻き込まれ、傷ついている。それは彼女が最も恐れていることだった。息子を守るためにはやむを得ないと、ヨルダンに逃れることを決めた。彼女が生まれ育った街を後にするとき、長男はまだ生後15日だった。

「あの時は戦闘が落ち着けばすぐにでも帰れるだろうと、殆ど貯金も持ち出さずに飛び出してきたんです。ひとまず隣の国に行けばなんとかなる、と」

そのときニダさんは、キャンプのような場所があることも知らず、どんな生活が待っているのか全く予想もできなかったそうだ。少なくとも爆撃や銃撃戦はないはずだ……そう信じてヨルダン国境にたどり着き、バスに乗せられるがままに連れてこられたのがザータリだった。それから1年余りが経っている。

「ここには確かに安全があります。でも逆に言えば、安全しかないんです」

家族や心を許せる友人たちに当たり前のように囲まれていた故郷から、突然ぷっつりと切り離されてしまった環境だ。頼れるのは夫と、自分自身しかいない。新しい家族を迎えることにも、喜びよりも不安の方がはるかに大きい。

「砂地の真ん中でどうやって育てていけというんですか？　この子を生んでも幸せにできるのか、生まれてこない方が幸せなんじゃないかって、そんなことさえ頭を過《よぎ》るんです」

こんな環境に新しい命をさらしてしまう自分自身を、彼女は責め続けていた。言葉が途切れるたびに、あとからあとから涙がこぼれる。子どもたちの前にいた活発な彼女とは、まるで別人のようだった。

キャンプに来た当初はまだ衛生状態も整わず、タンクの水には虫が湧き、むせかえるような汚水が小路にあふれかえっていたこともあった。そんな環境に耐えられず、ニダさんは何度もキャンプから出て暮らすことを考えたが、果たせなかったという。家賃を払ってまでして都市部で生活する余裕は、一家にはなかった。

「それでも少しずつ、環境はよくなっているんじゃないでしょうか？」

「ええもちろん。今電柱が立ち並び、シャンゼリゼのような商店街までできて。でもそれはちっとも、嬉しいことではないんです。まるでずっと、ここにいなさいと言われている気がして」

環境が改善されていくことで、むしろ複雑な気持ちになるのだという。

「それに、新しい建物や設備が、私たちの生きる希望につながるわけではないんです。だって働いてはいけない、ということは、子どもたちに夢を持ってはいけない、ということと同じなんですから」

私がこの学校の子どもたちに将来について尋ねたとき、多くが「キャンプで働いている」、「キャンプで暮らしている」と答えたことを思い出す。今置かれた環境を脱する手立てがなく、ましてキャンプの外の環境を想像することもできない彼らには、これしか答えようがなかったのかもしれない。それほどまでに閉塞感が子どもたちの心の奥底まで入り込んでいることに、私は思わず言葉を失った。学校を中退した子どもの親も、子どもたちを説得することができずにいるのだという。勉強すれば仕事に就ける、という理屈が、もはやここでは成り立たなくなってしまっているからだ。

一通り語り終わったニダさんと私の間に、しばらく沈黙が流れた。どんなに不安を吐き出してくれても、私には何の選択肢を示すこともできない。

「元気な赤ちゃんが生まれますように」

小さく震える彼女の手を握る。

「赤ちゃんがきっと、ニダさんの心にも力をくれるはずです」

「ええ」と俯き加減のまま、曖昧にニダさんが頷く。彼女の出産予定は冬の真っ只中、しかも束の間の雨季にあたる。砂地であるこの一帯も、ときには大雨や雪に見舞われることもある。母子の健康が少しでも守られることを、ただ願うほかなかった。

このキャンプで暮らす難民の間で生まれた子どもたちは、開設から２０１５年12月までの間に４５００人を超えている。帰れる日がぼんやりとさえ見えないまま、故郷の姿を全く知らない子どもたちが増え続けているのだ。

家族10人が暮らすテントの中、
少女が黙々と宿題をこなす

託された祈りを
2014

おばあちゃんのおもてなし

2度目に私がヨルダンの地を訪れた2014年9月のこと。車を降りると、太陽の光と地面から照り返す熱に挟まれ、数分歩いただけで汗だくになる。乾ききった熱気が立ち込めるザータリ難民キャンプの一角で、ジュアーナちゃんという4歳の女の子に出会った。真っ青な瞳と、短く切られた金色の髪の毛、そして真っ白な肌、欧米人の子どもと並んでも区別がつかないのではないだろうか。ドアからひょっこり顔を出しているところに声をかけると、さっと顔をひっこめてしまった。

「さあさ、こんなところですが入ってちょうだい」

同じドアから腰の曲がったおばあちゃんが、人懐っこい笑顔を覗かせてくれた。大通りから外れた小さなプレハブは、随分使い込んでいるのだろう、至る所にへこみやほころびが目立つ。聞けばキャンプでの暮らしに耐えかねてここを去る人から、安価で売ってもらったのだという。小さな扉から身をかがめて中に入ると、粗く塗られたコンクリートの土間とキッチンの奥が、カーペットとマットレスが敷かれた6畳ほどの簡素な部屋になっている。同じような部屋がもう一つ奥にあり、ここでおばあちゃんとジュアーナちゃん、親戚数人が身を寄せ合って暮らしていた。おばあちゃんが部屋の片隅にあった、旧型らしい扇風機のスイッチを入れる。中東地域の夏はからりとして湿気がなく、日陰に入れれば比較的涼しい。けれども薄壁一枚のプレハブ小屋は、外の熱気が中まで追いかけてくる。9月はようやく、最も苛酷な季節を越えた時期だった。

「この前の冬は薄っぺらなテント一枚の中で、ぎゅうぎゅうに寝ていたんだからね。寒さだけじゃなくて、寝ている間に蹴り合ったりしないように、どこに誰がどんな向きで寝るのか、決めるのも一苦労だったわ」

今はずっとましよ、とおばあちゃんが肩をすくめる。

「少し離れたところに共同のキッチンやトイレがあるんだけれど、大鍋を抱えて何十メートルも歩くなんて、60を超えた私にはとても無理なの。夜になったら真っ暗だし、恐くてトイレには近づけないわ。そもそもトイレがどんな酷い状態か、あなたも見てきたでしょ」

恥ずかしい話だけどね、と一呼吸置いておばあちゃんがまた話し始める。

「その頃は〝おねしょ〟が一家の問題だったの。小さなジュアーナだけではなくて、10代後半になる甥っ子までよ。寒いからトイレに出られないっていうこともあるけれど、

プレハブの片隅で遊んでいたジュアーナちゃん

それだけじゃなかったみたいなの」

医師の診断では、避難生活で内臓が弱っていることや、ストレスなどが原因だとのことだった。

プレハブの横のトイレやキッチンは、息子たちが材料をかき集めて作ってくれたのだそうだ。キッチン用の簡易ガスコンロはあるものの、家族の食卓をにぎわす少し手の込んだ料理ができるほどの設備はない。

ふと部屋の入口に目をやると、どこかに隠れていたジュアーナちゃんが、ドア陰からこちらを覗いていた。恐る恐る部屋の中に入ってきたかと思えば、さっとまたおばあちゃんの背中に隠れてしまう。

「ジュアーナって、アラビア語で〝お腹空いた〟っていう意味のそっくりな言葉がありませんか？」

私がそう言うと、砂糖がたっぷり入ったシャイ（紅茶）を勧めながら、「少し発音が違うけどね。日本の人には難しい違いかしら？」とおばあちゃんがくすっと笑った。目じりに刻まれた深い皺が、笑うと一層深くなる。

「たいしたものじゃありませんが、今お菓子も持ってきますからね。こんな時間ですし何だったらご飯も食べて行ってくださいな」

おばあちゃんがお皿に盛って出してくれたのは〝デーツ〟と呼ばれるナツメヤシの実を甘く煮込んだものだ。小さな赤黒い実を口に入れると、砂糖の味が殆どだが、わずかに果物の甘酸っぱさが残っている。シリアで親しんだ味の一つだ。

「シャンゼリゼで安く売っていたから」、おばあちゃんはそう言うものの、来客を十分にもてなせるほどの余裕のある日々では決してない。ぎりぎりの生活の中でもそんなおもてなしをしてくれるおばあちゃんの姿に、温かな人々の輪の中にいた、内戦前のシリアでの思い出がいくつもよみがえってきた。そんなことを伝えると、シリアの人々がいかにもてなし好きか、しばらくそんな会話に花が咲いた。こうして言葉を交わしている間にも、おばあちゃんの背中から見え隠れするジュアーナちゃんの表情は殆ど変わらないままだった。こちらの様子を窺う真っ青な瞳が時折暗く光ったような気がして、そのたびにどきりとさせられる。

「なるべくジュジュ（ジュアーナちゃんのあだ名）が寂しくないようにって、皆で目をかけているんですけどね。夜中に突然泣き出すことだってあるんですよ。それも声を殺して、ひっそりと」

この年頃の子が思い切り泣かずに、気づかれないように泣くなんてね、とジュアーナちゃんを抱き寄せながら、おばあちゃんがぽつりぽつりと話してくれた。

「ご覧の通り、とっても恥ずかしがり屋でしょ？　それはあなたが外国人だからというわけではなくて、誰に対してもそうなんです。特にここで暮らしはじめてからはね、ほとんど自分から口をきくことがなくなったんです」

ふうっとため息をつきながら、おばあさんがジュアーナちゃんの足を撫でた。その足には、子どもの手のひらほどの大きさの、刃物でえぐられたような傷跡がはっきりと残されていた。

「ジュジュはお母さんと上の兄姉3人を、戦闘の中で亡くしたの」とだけ言うと、おばあちゃんはそれ以上を語ろうとはしなかった。ジュアーナちゃんの前でもう一度当時を語ることがはばかられるのだろう。

「でも、お父さんとは連絡できているの？」

聞いていいものなのか迷ったが、恐る恐る尋ねてみる。

「……うん、お父さんとはね、時々電話でお話しするの」

今度はおばあちゃんではなくジュアーナちゃん自身が、かすかな声で答えてくれた。

目を伏せながらもこのとき初めて、一瞬の笑みが彼女の顔に浮かんだ。

引き裂かれた家族

キャンプの外で暮らしているというジュアーナちゃんのお父さんに会いに、再びザータリ難民キャンプから車を2時間ほど走らせて、ヨルダンの首都アンマンへと戻る。高層ビルの立ち並ぶ中心街から一歩横道に逸れると、すぐに閑静な住宅街に差しかかる。その一角、ブドウの木々に隠れるようにして建てられた、2階建ての小さなアパートの門をくぐった。日当たりもよく、一見普通の民家に見えるこの建物は、怪我を負ったシリア難民の男性たちがひっそりと暮らすシェルター（避難所）として使われていた。海外に住むシリア人たちの有志が資金を出し合い、傷ついた人々の居場所を守っているのだという。

「ようこそ、お入りよ」と玄関先で出迎えてくれた男性は、片目でにっこり笑ったが、もう片方の目は閉じたまま、その瞼が痙攣するようにぴくぴくと小刻みに動き続けている。「ああ、これかい、飛び散った瓦礫が当たってね」と曖昧に笑う。中には8畳ほど

一人施設の部屋に残る、ジュアーナちゃんの父、バーシルさん

の部屋が複数あり、そこにベッドが３つずつ並んでいる。ここで療養生活を送っている男性たちは、10代にも見える若者から、しわしわの老人たちまで、年齢はばらばらだ。松葉杖をつく者、ひじから先の腕がない者、負傷の度合いも違う。

ジュアーナちゃんの父親、バーシルさん（34歳）が、庭に接した窓の広い部屋で私を迎えてくれた。あご周りに伸びた立派なひげと屈強な体つきが、年齢以上に「父」の貫禄を漂わせていた。

「よく来てくれたね。入って入って」

笑顔で差し出された彼の右手は、親指と人差し指以外の指が全てえぐれ、辛うじて残っている人差し指も不自然に折れ曲がった形をしていた。動揺が伝わらないよう、私は笑顔のまま部屋に入った。彼は片足だけに厚底のスリッパを履き、バランスを崩さないようにゆっくりとベッドに腰かけた。

私たちが部屋に入るなり、ここに暮らしている男性たちがつぎつぎ集まってきた。

「故郷から離れて暮らしているだろう？　だから自分を訪ねてくれる人がほとんどいないんだよ。客人は人一倍嬉しいんだ」

折れ曲がった指に器用にティーバッグをひっかけながら、お茶の用意をしてくれているバーシルさんが教えてくれた。そのお茶ができあがらないうちに、コーラやらお菓子やら、遠慮する間もなく、集まった人たちが持ち寄ったおもてなしの品々が次々とテーブルに並んでいく。

しばらくは冗談ばかりが飛び交う時間が過ぎた。彼らのスマートフォンには、音声入力の翻訳機能アプリが入っていた。「いつか外国に脱出しても、これさえあれば大丈夫だ」と彼らは得意げに語るものの、お世辞にも性能がいいとは言い難いそのアプリ、せっかく彼らがアラビア語を吹き込んでも、誤訳ともいえないほど無茶苦茶な日本語ばかりが返ってくる。逆もしかり。そのたびにお腹を抱えて笑い合った。

「さて、俺たちは今日の診療に行ってくるよ」

ルームメイトたちが、生活を共にしているというシリア人医師たちと次々に部屋を出ていった。気づけば日が傾きはじめ、急に静けさが戻った部屋の中を、涼しい風が吹き抜けていく。

「小さな部屋での共同生活は気苦労も多いんじゃないですか？」

「それでもいいんだ。一人になると、余計なことまで考えてしまうからね」

それまで快活に振舞っていたバーシルさんが、一呼吸置くと、急に堰を切ったように

都市部に逃れた難民の多くが暮らす東アンマンの路地裏

故郷を脱した当時の様子を語りだした。バーシルさんは、ニダさんと同じ、南部の街ダラアの出身だった。内戦前は弁護士として活躍し、妻と4人の子どもたちと共に穏やかな日々を過ごしていた。幸せそのものだった生活が、ある日を境に一変することになる。戦車の砲撃音が街の近くまで迫り、街を離れることを考え始めた矢先のことだった。その日、外で響き続ける銃声を背に、自宅で家族と息をひそめていると突然、耳を裂くほどの轟音と共に、壁が吹き飛び、一瞬何が起きたのか全くつかめなかったという。政府軍の砲撃が、彼の家を直撃したのだ。妻と3人の子どもたちは、その衝撃をまともに受け即死。バーシルさんとジュアーナちゃんだけが、その瓦礫の中からはい出すことができたのだ。

「恐い思いをさせたらごめんね。見たくなければ、見なくてもいいんだ」

ズボンの裾をまくりあげると、不自然な切れ込みが入っているような形で、太ももの肉が半分近くえぐられていた。彼が片方だけ厚底のスリッパを履いていたのは、この傷によって右足の長さが変わってしまっていたためだった。

その傷の治療のため、難民キャンプで暮らすジュアーナちゃんと離ればなれになり、既に1年近くが経とうとしている。スマートフォンの待ち受けにしているジュアーナちゃんの顔に目をとめるたびに、ふと笑みを浮かべては、またすぐに悲しげな表情に戻ってしまう。

「なぜあのとき、一緒に自分も吹き飛ばしてくれなかったんだろう。なぜあのとき、妻や子どもたちと一緒に、家族全員で死なせてくれなかったんだろう。ねえ、なぜなんだろう？」

彼の手ではもう、顔を覆うことはできない。2本の指の間から、涙が次々零れ落ちるのがはっきりと見える。

「僕たちは軍人じゃない。静かに働き暮らしていただけなんだ。戦闘に参加するなんて、一言も口にしたことなんかないんだよ！」

一体どんな罪があってこんな仕打ちを受けなきゃいけないんだ？　と、彼は誰に向かってでもなく、問い続けた。返す言葉も見つけられず、私はこみ上げてくるものをなんとか抑えていた。自分まで泣き出してしまえば、彼の言葉に耳を傾けることすらできなくなる。「うん、うん」と、ただ頷くことしかできずにいた。

やがてルームメイトたちが診療から戻り、西日が差し始めた中庭で涼みながらまた話し込んでいるときのことだった。通りに面したブドウの木の間から突然ぬっと、真っ黒な服に身を包んだ老女が顔を覗かせた。

「お前たちどっから来た？　はっ、シリアかい。働きもせずに、毎日そうやって寝て食ってばかりで、いい御身分じゃないか！」

どうやら近所の住人らしい。バーシルさんは黙ったまま寂しそうにその老女を見つめ返す。

「おい見てくれよ。この人は日本から来たお医者さんでね、僕たちの怪我なんてたちまちよくなるんだ！」

バーシルさんの隣に座っていた青年が私を指さしながら、老女を追い返す。戸惑う私をよそに、彼は去っていく老女の背中に向かって叫び続けた。

「お前たちの世話になんかならなくったって、生きていけるんだからな！」

シリア難民の流入に伴い、ヨルダン国内の物価は上がっている。加えて失業率の上昇なども、まとめてシリア人の責任だ、と考える人々が少なからずこの国にいるのだ。温かく受け入れることができる人々がいる一方で、避難生活が長引くほどに深まる溝もあり、それを和らげる手立てを、双方ともに見いだせないままだった。老女の吐いた言葉に一瞬怒りが湧き上がってきたものの、そんな彼女を一概に責めることもできないのだと、とぼとぼと去っていく老婆の後姿を見ながら、私は考える。そんなぶつかり合いを避けたいからか、バーシルさん自身、体の調子がいい日にも、殆ど外出しようとはしなかった。時折、エジプト人の出稼ぎ労働者が住人たちのゴミを片付けているところを、彼らがお茶に誘うのを目にした。ヨルダンで窮屈な思いをする者同士、通じるものがあるからだろう。

死ぬのは一回だ

同じ施設には20代の若者たちも数人、一緒に暮らしていた。かつて自由シリア軍としてアサド政権率いる政府軍と戦っていたという彼らは、負傷しているとはいえ皆がっしりとした体つきで、目つきもどこかぎらついている。彼らの一人がはっきりとした口調で語る。

「怪我さえ治れば、俺たち何度でも闘いに戻ってやるよ。これ以上失うものなんてないんだからね」

鍛えられた屈強なその腕には、銃弾の痕跡らしい傷が、癒え切らずいくつも残されていた。命からがら逃れてきても、彼らの家族や友人は既に殺されてしまっている。労働の許されないこの隣国にも、新たな居場所はない。それどころか心無い言葉を投げつけられ、またじりじりと追い詰められていくのだ。

「ヨルダンでは毎日、死んだように生きなければならないだろう？　だけどシリアに帰れば、死ぬのは一回だ！」

　こうして彼らはまた、傷が癒えると戦地へと戻っていくのだ。

　そんな彼らの言葉に煮え切らない表情を浮かべていたバーシルさんが、後からこっそり語ってくれた。

「今のアサド政権には、もちろん僕も反対だ。彼らが奪っていったのは僕の家族の命だけじゃない。けれど戦闘にも、僕は反対なんだ。これ以上、争いを望まない人たちが巻き込まれるのは耐えられない。ただね、誰が彼らを止められるだろう？　彼らの抱えた憎しみも、悲しいことだけれど、僕にはよく分かってしまうんだ」

　家族も故郷も失った彼らにとって、もはや心の支えはアサド政権を倒すことだけになっていた。反政府デモが広がっていった当初、その多くが武力ではない、言葉や歌での抵抗だった。けれども、容赦なく降り注ぐ爆弾を前に、人々が続けていた非暴力の抵抗の精神は打ち砕かれていったのだ。彼らが望んで武器を手にとりはじめたのではなく、そうするより他ない状況にまで追い込まれているのだ。

抑えようのないほどの憤りを抱えた彼らとここで別れれば、二度と巡り合うことはないかもしれない。もちろん、戦闘へなど加わってほしくはない。かといって争いのない国から来た自分に、彼らを引き止める資格があるのだろうか……。どんな言葉も空疎なものに思えた。戦火をくぐりぬけてきたバーシルさんでさえ口にできない言葉なのであれば、尚更だった。何を伝えていいのか分からないまま、後味の悪い歯がゆさだけを残して、私はその場を後にした。

チェスの駒

同じアンマン市内の病院では、負傷し、シリアから逃れてきた人々のためにフロアの一部をあてがっていた。その小ぎれいな建物の2階の一室は、子どもたちの入院部屋となっている。狭い階段を昇っていくと、突き当たった廊下の向こうからゆっくりゆっくり、小さな少年が車椅子で向かってくるのが見えた。両足の膝から先はなく、片目も潰

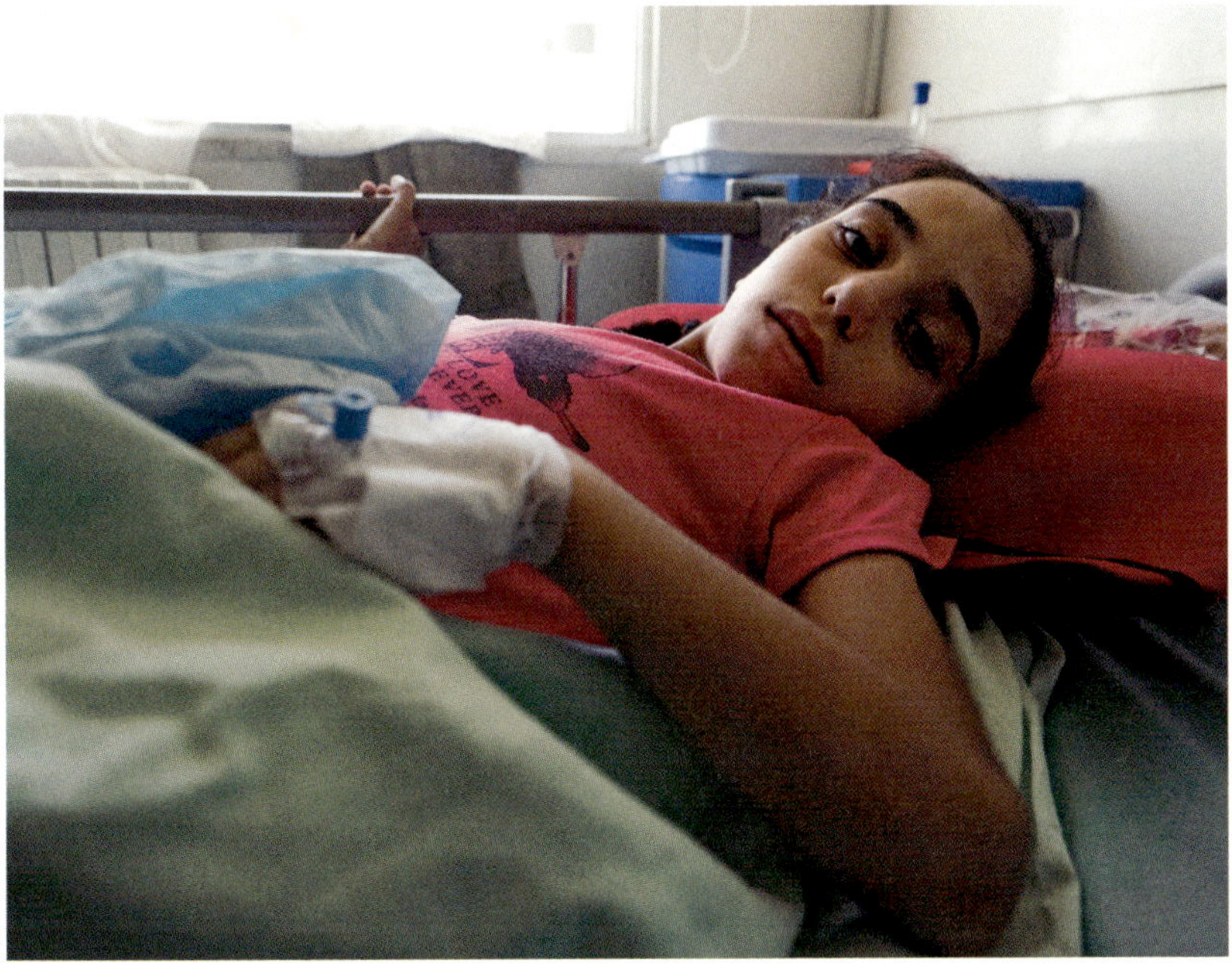

入院生活を続けていたアミナちゃん

れて開ききっていない。戸惑うこちらをよそに、「僕たちの病室、あっちだよ！」と少年は無邪気に指さした。

　薄暗い廊下とは違い、大きな窓のある病室は日当たりがよく、涼しい風が優しく吹き抜けていく。車椅子の少年の他に、2人の子どもが小さなベッドに横たわっていた。そのうちの一人が、9歳の女の子アミナちゃんだった。窓際のベッドから、怯えたような瞳でこちらを見上げる。心に鍵をかけてしまったかのように、笑いかけても、呼びかけても、その表情は硬く変わらないままだった。腕には点滴、左の足はギプスで固定され、上から下まで包帯で覆われていた。彼女もまたバーシルさん家族のように、戦車の砲撃に巻き込まれ、そのときの傷がまだ癒えないのだという。

　時折看護師さんが、点滴の取り替えのためにやってくる。部屋に入ってきたその姿を見た瞬間に、アミナちゃんの表情がゆがんだ。看護師さんがいたわるように微笑みながら手を握るものの、横たわったままアミナちゃんが泣き出す。

「痛い、痛いよう！」

　けれどもどんなに泣いても、叫んでも、彼女の傍に寄り添うはずの両親は病室にあらわれない。彼女を一人にすることを少しためらうように、看護師さんが何度も彼女の顔を覗きこんで、また病室を後にする。

「お父さんとお母さん、まだシリアにいるの」

泣き止んだアミナちゃんがかすれるような声で、ぽつりぽつりと話してくれた。

既に60万人以上の難民が流れ込んできているヨルダンの受け入れも、もはや限界に達しようとしている。アミナちゃんを抱え、一家がシリアからヨルダン国境に逃れてきたとき、怪我をしているアミナちゃんだけが治療のため入国を許され、傷を負っていなかった両親は許可が得られず、そのままシリアに留まるほかなかったという。家族が国境を隔てて引き裂かれてしまったのだ。小さな少女がたった一人、自身の怪我と孤独と、そして両親の安否の不安と闘っている。

毎日彼女の伯母だという年配の女性が、アミナちゃんの様子を見にやって来る。アミナちゃんの着替えや食事、日常のことは全て、その伯母が一人で面倒を見ているのだという。内戦前からヨルダンに暮らしているという彼女の自宅は、アンマンから車で1時間以上かかる場所だ。日々の往復だけでも相当な負担だろう。行き来ができないときは、泊まりこむこともあるそうだ。

「いい加減泣き止んでおくれ！　ああ全く！　もうこんな生活うんざりだ！」

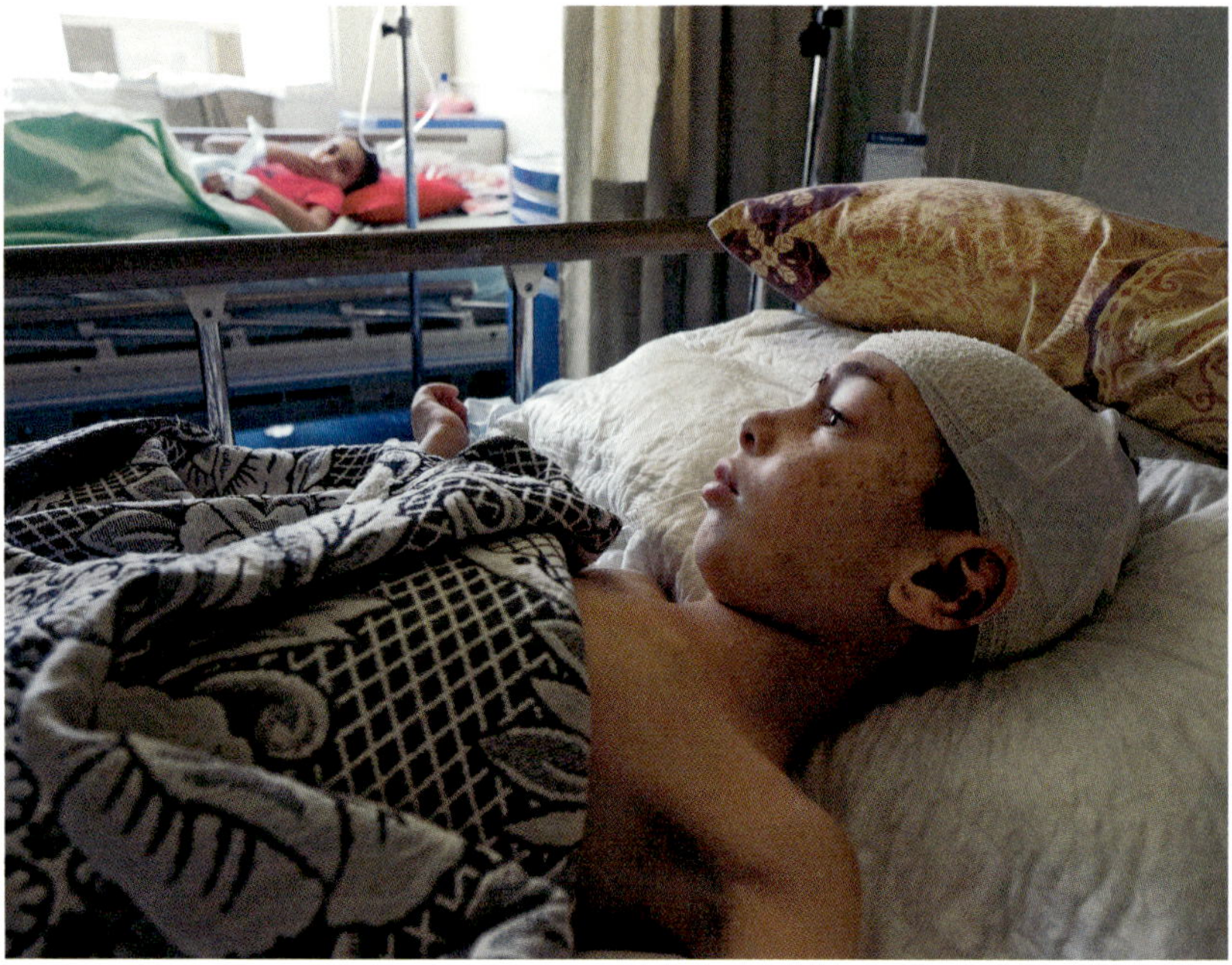

アブドゥラくん。この写真をお母さんに手渡した

ある日遂に爆発してしまった伯母さんが、病室の床に携帯電話を投げつけながら叫んだ。同室にいたほかの子どもの家族たちが、優しく彼女をなだめる。それぞれがぎりぎりの状態であることを、言葉にしないまでも皆感じ取っているのだ。そんな伯母さんの姿を見て、アミナちゃんが自分を責めてしまうのではないかと、私は彼女の表情を見守った。それを察したかのように、アミナちゃんも私を見上げる。

「ねえ、でもね、あの子のほうが大変なの」

ほら、と彼女が指さすベッドには、5歳の少年、アブドゥラくんが横になっていた。爆撃の衝撃で飛び散った破片が頭に当たり、痛々しい手術の跡が何カ所も残っていた。

そのベッドの脇からそっと、彼の顔を覗きこんでみる。青白い頬、血の気を失ったような唇、そしてその目は空の一点を見つめたままだった。名前を呼び、話しかけても殆ど反応はなかった。手を握っても、握り返してこない。子どもの体温とは思えないほど、その肌はひやっと冷たかった。一緒にヨルダンに逃れてきたお母さんが、アブドゥラくんにつきっきりで看病を続けていた。彼女の腕にも包帯が巻かれている。軽傷とはいえ彼女自身も怪我をしていたからこそ、アブドゥラくんと一緒に入国が認められたのだ。父親はシリアに残ったままだという。

その後も私は病院に通ったものの、アブドゥラくんには殆ど変化の兆しが見えなかった。微動だにせず、その目もどこを見つめているのか分からない。

ある日、最初に撮らせてもらった写真を、お母さんに手渡したときのことだった。うつろな表情で病室に横たわるその姿は、決して幸せな瞬間を写したものではなかった。けれども予想に反して、お母さんは手を叩いて喜んでくれた。

「ありがとう！　今度はこの子が元気になって、外を走り回っているところを撮りにきてちょうだいね！」

お母さんが笑った顔を見せてくれたのはこれが初めてだった。その写真は翌日から、アブドゥラくんのベッド脇に大切に飾られていた。追われるがままにヨルダンにたどり着き、持ち出せる品など殆どなかったお母さんにとって、たとえそれが幸せなときを刻んだものではなくても、貴重な思い出になるのだそうだ。

そんなアブドゥラくんと滞在中最後に会ったとき、病室に入るとお母さんが「ねえ、見てちょうだい！」とはしゃぐようにベッドを指した。

「あれ！　今日は起きてるんですか⁈」

これまで寝たきりだったアブドゥラくんが、この日は体を起こし、うつろながらもこちらを見つめている。その小さな手をそっと握ると、かすかに握り返してくれた。

「私のこと、覚えててくれたんだね！」と思わず声をあげると、お母さんが愛おしそうにまた彼を見つめた。

そんな明るい病室の雰囲気に背中を押されたように、この日はアミナちゃんも車椅子に乗って元気に手を振ってくれた。

「ねえ、いつも作ってる、アスフール（アラビア語で鳥の意味）、またやって！」

いつも折り紙を折っても殆ど反応がなかったアミナちゃんが、この日は小さな折り鶴を差し出すたびに、きゃっきゃっと声をあげては、早速ベッド脇に並べはじめた。

「ねえ、もう一つ作って！　アブドゥラくんにあげて！」

私が少し大きな折り紙で折った鶴をベッド脇にそっと置くと、アブドゥラくんは震えながらも、かすかに手を振ってくれた。この病室でこんな温かな時間を過ごすことができたのは初めてだった。もしかすると、元気に駆け回るアブドゥラくんの写真を撮れる日は、近いかもしれない。その光景を想像しただけで、胸躍るようだった。そんな確かな期待を抱きながら、私は帰国の途についた。

けれどもその夢は、二度と叶わないものとなってしまった。彼が亡くなった、と知らせがあったのは、私が帰国して1週間後だった。知らせてくれた現地のNGOからのメールにはこうあった。「きっとあの時手渡した写真は、お母さんがもう一度アブドゥラくんと会える貴重な一枚ですよ」。その言葉が余計に胸を締めつけた。怒りとも悲しみともいえない感情が、何度頭を切り替えようとしてもあとからあとから湧き上がってくる。戦闘に対してなのか、彼を傷つけた政権になのか、それとももっと大きな力になのか、それをどこにぶつけていいのかも分からなかった。結局その日は一日、どこかうわの空で過ごしてしまった。なぜ？　どうして？　と疑問しか浮かばず、そこに見いだせるはっきりとした答えは何一つなかった。

ふと、最初にシリアを訪れるきっかけをくれたイラク人の友人、アリの言葉が頭を過った。

「ねえ、知っているかい？　僕たちはチェスの駒なんだよ。チェスって駒ばかり傷つくだろ？　そしてチェスを動かす人間たちは、決して傷つかない」

アブドゥラくんもアミナちゃんも、出会った人々は皆、チェスの駒ではなく意思を持った人間なのに。抑えようのない悔しさがまた、とめどなくこみ上げてきた。

こうして人の命が失われるとき、自分の続けてきた仕事の意味を信じることができなくなる。写真はどうしても、間接的な手段となってしまうからだ。私たちがどれほどシャッターを切っても、人の命を直接救うことはできない。もしも自分が医者だったら、どうなっていただろう。アブドゥラくんの治療のために、手を尽くせたかもしれない。もしも自分がＮＧＯで働いていたら、何をしていただろう。アミナちゃんや、残されてしまったお母さんの傍に寄り添って活動し続けたかもしれない。〝伝える〟と称して日本に帰っていく自分は、何者なのだろう。

それから約半年後、そんな無力感にさらに追い打ちをかける出来事が起きた。

追悼集会　邦人２人の写真を前に

共に歩む道を探って 2015

祈りのとき

２０１５年２月１日。頭の中がまったく整理できないまま、再びヨルダンに向かうため、私は成田空港のロビーに立っていた。シリアに赴いたジャーナリスト、後藤健二さんが、ＩＳにより殺害されたという情報が伝わった、まさにその日のことだった。命がまた一つ、あまりに理不尽な形で奪われてしまった、その悲しみのせいだけではない。

「なぜ、ジャーナリストはわざわざ危険な場所に行くんだ？」

「自分で勝手に行ったんだ。自己責任じゃないか」

「あんな場所に行くなんて、エゴが強い人間のすることだ」

囚われた2人の日本人を巡って、メディアやネット上で絶え間なく飛び交う言葉が、私の心の中の混乱をより大きくしていた。命を切り捨てるような言葉に対して、明確な反論を見いだせずにいる自分にもまた、苛立ちが募る。そのうえに、映像という手段がこうして残酷な用途に使われたことにもまた、言いようのない怒りがこみ上げていた。

飛行機のシートに体をうずめて目を閉じても、一向に眠気がやってこない。朝方流された映像に映し出された、オレンジ色の服、黒ずくめの男、茶褐色の山影、その光景がはっきりと脳裏に浮かんだ。

やがて眼下の雲間から見えてきた風景は、砂埃のせいだろうか、空と大地の境界線が曖昧に見えた。目的地のアンマンに近づくにつれ、もう写真の中でしか会えない少年の顔がありありと思い出された。あの時のアブドゥラくんの手のぬくもりを思い起こしながら、とにかく現場で目にすることに集中しようと、気持ちを引き締めにかかる。

一年の殆どが渇ききった土で覆われているこの国も、この時期は束の間の春を迎え、緑の木々や色鮮やかな花たちが、空港からアンマンに向かうハイウェイの傍らに並んでいる。「よかったね、今が一番いい季節だよ」と、タクシー運転手さんの口調も和やかだ。そんな車窓からの風景に、少しだけ心が柔らかくなる。

高級ホテルや高層ビルの間に挟まれた日本大使館の周りには、後藤さんたちの事件を受けて、まだ日本の報道陣が数多く残っていた。大使館からほど近いホテルのロビーの一角は、力が抜けたようにソファーに身をうずめてパソコンの画面を眺める記者たちであふれていた。「解放されるかもしれない」と一部で報じられ、ぬか喜びを味わったあとの最悪の虚脱感が、その場の空気を一層重苦しいものにしていた。

そんな空気を引きずったまま迎えたこの日の夜、大使館の前で、小さなキャンドルが一つ、また一つと灯されていった。有志のヨルダン人たちが集まり、犠牲になった湯川遥菜さん、後藤健二さん両氏の追悼集会を開いてくれたのだった。

静かな祈りの時間が流れる中、「やあ、コンニチハ！」と突然片言の日本語で呼び止められた。後藤さん、湯川さん2人の写真を掲げていた、年配の男性たちだった。「僕たち、日本に留学していたことがあるんだよ」と穏やかに語る。

「僕は名古屋」「僕は東京」「日本で一番美味しかったのはね……」と口々に留学時代の思い出を語りはじめる。

「彼らは軍人ではなくジャーナリストなんだろう？　あんな平和な国がこうして巻き添えになるなんてね……」

彼ら自身もまた、悔しさをにじませる。SNSなどを通して集った人々はこの日、100人近くにも及んでいた。不穏なニュースばかりにさらされていた中で、彼らの心遣いが久しぶりに緊張の糸を少し緩めてくれた。ただただ感謝の気持ちを伝えると、「僕たちの故郷の一つだから」とまた彼らは穏やかに答えてくれた。

その翌日、今度はヨルダンを震撼させる事件が起きてしまった。ヨルダン人パイロットのモアズ・カサスベさんが、ＩＳによって処刑される凄惨な映像が流れたのだ。ヨルダンは直ちに報復のための空爆を決定。テレビでは、軍人たちがミサイルに「お前たちはイスラムではない」というメッセージを書き、出撃していく同じ映像が絶えず流されていた。

メディアだけ見れば、まるでヨルダン全土が怒りに震え、空爆を望んでいるかのように感じてしまう。日本のメディアでも、怒る市民やデモの様子が流されていたためだろう。「ヨルダンにいて大丈夫なの？」「危険じゃないの？」そんな声が日本から届くたびに、私は戸惑ってしまった。一部デモが起こっていたものの、実際にはアンマンの日常はいつもと殆ど違いはなかったのだ。そして市井の人々の反応は必ずしも報復を支持するものばかりではなかった。「このままでは余計にヨルダン国内のリスクを高めるだけだ」「報復の連鎖が止まらなくなる」。公の場での発言は皆控えていたが、二人きりになると知人たちはふと、そんな不安を口にする。彼らの脳裏には、10年前にアンマン市内で起きた大規模な自爆テロの記憶がまだ生々しく残っていた。２００５年11月、３つのホテルで起きた連続爆弾攻撃で60人が死亡、１１５人が負傷した。その実行犯の一人で、ヨルダン当局によって逮捕されていたのが、ＩＳが後藤健二さんとの身柄の交換を要求

キャンドルを持ち、日本大使館前に集った人々と

していたアル・リシャウィ死刑囚だった。統制の厳しいヨルダンのメディアでは、政府側の行いに公然と疑問を呈することは難しい。密かに語られている不安の声が、国内に、ましてや国外に大きく届くはずはなかった。

殺し尽くすまで

アンマン市内には複数、バーシルさんたちが暮らしていたようなシリア人たちのためのリハビリ施設やシェルターがある。戦闘で傷ついた人、もともと障害を抱える人たちが身を寄せ合うことができる数少ない場だ。このとき私が訪れたのはダウンタウンの喧騒を離れたアパートの一室、バーシルさんたちのいたこぢんまりとして日当たりのいい民家とは違い、どこかじめっとした薄暗い廊下の奥の部屋だった。この日も絶え間なく、足を引きずったり、車椅子をこぐ人々が訪れていた。スタッフたちも皆シリア人だというＮＧＯがここを管理している。

患者さんたちに話を聞くと、こちらから投げかけなくても、話題はやはりＩＳに及ぶ。リハビリ用の台の上に体を横たえながら、足に無数の銃弾跡が残る男性が語気を荒らげて語りはじめた。

「ＩＳはなぜイスラムを名乗るんだ？　あんな殺し方、イスラムでも何でもない！　いいかい君、あれを〝イスラム〟だとは絶対に思わないでくれ！」

20歳だという彼は、見た目より10歳は老けこんで見えた。「ああ、シリアで醜いものを見すぎたからだよ」と苦笑する。爆撃に巻き込まれたらしい、と彼はまるで他人の出来事のように語る。その瞬間のことが記憶にないからだ。気づけばずたずたになった体でベッドに横たわっていたという。しばらくそこが隣国であることさえ気がつかなかったそうだ。

「メディアが伝えるのはＩＳのことばかりじゃないか。だけど俺たちは、アサド政権からもっとひどい弾圧を受けてきているんだ。アサドの方がよっぽどたくさんの人を傷つけてきた。どうしてそれは伝わらないんだ？　なぜ世界は無視を決め込むんだ？」

イギリスの人権ＮＧＯは、内戦勃発から２０１５年10月までの4年半で、犠牲者が25万人を超えたと発表。監視団をはじめとした複数のＮＧＯが、その大半がアサド政権によるものだと発表したが、政権側がそれを否定、両者の意見は真っ向から対立している。

ＩＳの支配が及んでいるのは主にシリアの北部だ。ヨルダンはシリアの南ということ

子どもが身に着けていた、三つ星国旗のペンダント

もあり、難民の殆どは、ＩＳではなく、アサド政権と反政府軍の対立から避難してくる人々だった。ザータリ難民キャンプでは緑と黒のラインの間に三つ星が描かれたシリア国旗を頻繁に目にする。アサド政権の国旗は赤と黒のラインの間に二つ星のものだ。三つ星の国旗はアサド家が政権をとる前、１９６３年まで用いられていた国旗だ。これを政権への〝反旗〟として、大人だけではなく、子どもたちまでがアクセサリーとして身に着けている。子どもたちが学校で綴る作文にも、「アサドには屈しない」「アサドが望まなくても自由を追う」といった言葉が並ぶ。政権に対する憎しみや抵抗は、日常の至る所にあふれていた。

リハビリ台に横たわる彼は、戦闘に巻き込まれ兄弟３人を失っていた。彼の兄はもともとシリア政府軍にいた。一般市民に銃を向けることに耐え兼ねた兄は、除隊することを告げ、仲間たちとヨルダンへと避難しようとしていた矢先、乗っていた車が何者かに銃撃された。それも多方向から、何十発もの銃弾が撃ち込まれたのだという。軍から報復を受ける恐れがあり、除隊するのも命がけだと他の難民からも聞いたことがある。もしそれが軍からの報復だとすれば、政府軍の見張りの立つ病院に傷ついた兄を搬送するわけにもいかない。どうすることもできないまま、家族が駆けつけた時には、兄は既に血だらけの亡骸と化していたという。ハチの巣状態になった車を目の当たりにしたとき の怒りを、絶対に忘れるものかと彼は繰り返す。

「この国に家族や友人を亡くしてない人なんていないんだ。それが何を意味するか分かるかい？　憎しみが更に憎しみを生み続ける。それが止まらない限り、お互い敵を殺し尽くすまでこの戦争は続くんだ！」

殺し尽くすまで……あまりにも残酷な言葉だった。ＩＳによる人質殺害事件が起きてから、彼らだけでなく、出会うシリア人たち皆に、今までにないぴりぴりとした緊張感が漂っていた。これまで以上に刺々しい言葉が飛び交い、こちらの心にも容赦なく刺さっていく。返す言葉が見当たらないまま、彼の言葉が矢継ぎ早に続いていく。

興奮のおさまらない彼をやがて、シリア人医師が静かに制した。彼が暮らしていた街でも戦闘が激しくなるにつれ、政府軍に入るのか、それとも政権と闘うのか、選択を迫られたという。どちらにせよ、医師として人を救ってきた彼に、人を殺すことなど考えられなかったのだった。

「こうしてあなたの前でたくさんの人が、アサド政権への怒りを口にしてきたでしょう。ただ、私たちを最も苦しめてきたものは、ＩＳでもアサド政権でもなく、これだけのことが起こっている中で、それが世界から無視されている、忘れ去られているという感覚なのです」

一呼吸おき、更に医師は続けた。

「今回亡くなられた日本人お二人のことはとても残念でした。私はケンジさんがＩＳの領域に行く前に残してくれた映像に、今でも感謝をしています。彼は〝自分の身に何かあっても、シリアの人々を責めないでほしい〟、と語ってくれましたね。私たちシリア人は彼らと共にあります」

先ほどまで興奮気味に話していた青年も、静かに頷いて下を向いた。

「あんなことになってしまったけれど、信じてほしいんだ。本当は誰も、争いを望んでいないんだ。二人のためにも、祈るよ」

この施設の中だけではない。ザータリ難民キャンプの中では何度も見知らぬシリア人たちに呼び止められ、「日本人か？」「大丈夫か？」と声をかけられた。一人一人の顔を見ながら、平和だった頃のシリアの風景がまた、私の胸の中によみがえってきた。あの国で出会った人たちはいつも、人のために祈る尊さを教えてくれた。そしてその心のありようは、国境を越えた生活を耐え忍ぶ中でも失われることなく、彼らの中にあるのだ。

青年が言うように、近しい人を亡くしていない人などいないほど、シリアでの殺戮は続いている。それでも彼らは国籍を超え、こうして悼んでくれる。私たちはそれと同じくらい深く、彼らの平和を祈ることができていたのだろうか。

美しき故郷

この取材中、アミナちゃんとは再会が叶わなかったが、傷は少しずつ癒え、シリア国境近くの親戚宅で暮らしているのだと病院スタッフが教えてくれた。「心配でしょうけれど、生きていさえすればきっといつか、シリアで会えますよ」と看護師の一人がにっこりと私の手を握ってくれた。

そしてバーシルさんも一旦治療を終え、ザータリ難民キャンプに暮らすジュアーナちゃんの元に戻ってきていた。玄関先にはジュアーナちゃんの小さな運動靴と、靴底の厚さが不ぞろいな大きな靴が仲良く並んでいた。

バーシルさんが小さな入口から穏やかな顔を覗かせてくれた。昼間とはいえ、室内でもジャケットを着ていなければ肌寒い。夜になればこれが、震えるほどの底冷えに変わ

再会を果たした、バーシルさんとジュアーナちゃん父娘

るのだ。

「僕がジュジュの元に帰ってきても、ザータリの環境が変わるわけではないんだ。やっぱり子どもの育つ環境ではないからね。何とか別の場所で暮らせないか、考えているところなんだ」

痛みの消えない足をさすりながら、今後の不安をぽつりぽつりと語る。彼の言う通り、シリア難民たちの中では、キャンプで暮らす人々よりも、近隣の都市やアンマンでの生活を選ぶ人々の方が圧倒的に多い。キャンプでは最低限の暮らしはできるものの、気温差の激しい砂地の真ん中での生活は体力を消耗する。幾分か改善されたものの、小路にあふれている汚水などの衛生面の問題も、子どもを抱える親たちの悩みだ。短い雨季には、一部で水があふれ、床まで水浸しになったこともあったそうだ。

キャンプから出れば、アパートなどに入居ができる。けれどもその分、家賃がかかり、不法労働で生計を立てながらぎりぎりの生活を強いられることになる。子どもにとってどちらが幸せな道か、話題がこれからのことに及ぶたびに、バーシルさんの顔がかげる。

ふと背中に視線を感じて振り返ると、外で遊んでいたジュアーナちゃんがプレハブの扉の陰からそっと、こちらを覗きこんでいた。

「おいで！」とジュアーナちゃんを抱き寄せ、まるで失った時間を取り戻そうとするように何度もキスをするバーシルさん。照れくさそうに彼を見上げるジュアーナちゃん。「お父さんが戻ってきてからね、声をあげて笑うジュジュを久しぶりに見たわ。こうして外で遊んでくるようにもなったしね」

おばあちゃんが目を細め、愛おしそうに２人を見つめる。初めて会ったときはおばあちゃんの陰に隠れてばかりだったジュアーナちゃんが、時折ちょこんと私の隣に来て、微笑みかけてくれる。それが嬉しくて、私も何度も彼女にキスをする。彼女がこれ以上家族と引き裂かれることがないように、せめて父のぬくもりをいっぱいに感じながら育っていけますように。そんな願いを込めて。

キャンプの学校では、産後に再び教壇に立ち、故郷の歌を子どもたちと精一杯歌い上げるニダさんの姿があった。学校からほど近い、彼女が暮らすプレハブを訪れた。夫と長男、そして赤ちゃんの４人が、６畳ほどの部屋に身を寄せ合って暮らしている。キャンプ近くの街、マフラクの病院で無事生まれた次男のバセルくんはすでに１歳を迎えていた。時折立ちあがって歩こうとするバセルくんの姿に、夫婦は嬉々として声をあげな

2016年、ニダさんと成長した息子たち

がら、「ほら！　ここまで来てごらん！」と両手を広げる。

「1歳にしては大きいわね！　って近所の人からよく声をかけられるんですよ」

ニダさんがよいしょ、と少し重たげにバセルくんの体を抱き上げる。私も抱っこをしてみると、確かに体つきに頼りなげなところがない。おまけに腕の中でもぞもぞと落ち着かず、絶えず動き回ろうとする。やんちゃな男の子に育つことは間違いなさそうだった。

「この子は確かに、故郷の姿を全く知りません。その分、戦闘の恐ろしさも目の当たりにしていないのがせめてもの救いです。いつかバセルと一緒に、美しかった故郷の姿を見るのが、今の私の夢なんです」

二児の母になったニダさんの顔つきは、見違えるほどたくましくなっていた。仕事のない夫にかわり、彼女が生活を支え、子育てをし、一家の柱となっている。かつて、生徒の前以外では伏し目がちだった彼女が、今では教員同士で集まっても、私と2人でいるときも、声をあげて楽しげに笑う。小さな命が一家に新しい風を吹き込んでくれている姿が嬉しくて、気づけば私は夢中になってバセルくんに向けてシャッターを切っていた。温かな瞬間を、ニダさんの一家に少しでも残したかった。終わりの見えない避難生活かもしれない。それでもこうして耐え抜くことができているのは、心から守りたい人が彼らにいるからだった。

息子を、娘を守りたい。ただその一心で。

ニダさんの働く学校の教室を出ると、中庭で遊んでいた小さな女の子たちが「ナンシー！」と駆け寄ってきた。ここで出会う子どもたちの殆どが、人見知りという言葉を知らないのでは、というほど人懐っこい。この頃にはすっかり、生徒たちに名前を覚えられ、キャンプの至るところから「ナンシー！」と声をかけられるようになっていた。

「ねえ、ここで皆の写真を撮ってちょうだい！」

彼女たちが指さしたのは、教室の外壁いっぱいに描かれた、緑の美しい田舎町の絵だった。彼女たちが暮らしていた、故郷の街だという。皆で描いたのよ、と得意気に笑う。

「ねね、ナンシーにも分けてあげるわ」

少女の一人が私のポケットからメモ帳を取り出す。

「いつか見せたいわ。素晴らしい場所だったの」

描いてくれたのは故郷シリアの地図、そしてその小路を、少女と私が歩いている絵。

学校の壁に描かれていた、美しかった故郷の姿

その上からは太陽の光が優しく降り注いでいた。美しかった故郷に彼女たちが帰れる日はいつになるだろう。彼女が小さな手で描いてくれた風景が現実になるのはいつだろう。

そんな不安を抱えつつも、このときは新しい命や嬉しい再会に触れ、まるで明るい兆しが見えたかのように私には思えていた。

けれどもアラビア語の文字が読めない私はこのとき気づいていなかった。壁の絵には殴り書きのように、「私たちは自由を求める。たとえそれを、アサドが望んでいなくても」と書かれていたのだ。

子どもたちの夜

2015年7月、窓から部屋に差し込みはじめた朝の光で目が覚める。アンマン郊外の小さなアパートの一室、小さな窓しかないこの部屋も、日がのぼればそれなりに明るくなる。私はこのときライダさんというシリア難民の若い母親と、5人の子どもたちが暮らす家に寝泊まりしていた。こうしてたびたびシリア人たちの家でお世話になってきたが、ライダ家の小さな子どもたちはとりわけ人懐っこく、言葉の違いを全く気にせず絶えず話しかけてきてくれる。いつもならば子どもたちが身支度をして、学校に行く準備をしている時間のはずだが、まだ誰も起きてくる気配がない。今日はイスラムの安息日である金曜日、昼前まで皆ゆっくり休んでいるのだろう。

6畳ほどの寝室に、ライダさんや女の子たち3人と私のマットレスが隙間なく並んでいる。「ようやく男の子と別々に眠れる家を見つけたの、家賃は高いけど」とライダさんがやれやれといった様子で語っていたのを思い出す。彼女らの手足を踏まないようにつま先立ちで部屋をそっと横切ると、人一人がやっと入れる広さの洗面所で顔を洗い、私は身支度を済ませた。寝不足で頭がぼうっとしている。安息日の前日で、遅くまで子どもたちと遊んでいたこともあるが、その後も上手く寝付くことができなかったのだ。その日にあった出来事が頭を駆け巡り、一向に眠気が訪れなかった。

昨日はまず、ザータリ難民キャンプのジュアーナちゃんとバーシルさんのプレハブを訪れていた。いつもの部屋に通されると、ジュアーナちゃんは室内にもかかわらず、靴を履いたまま過ごしていた。私の姿を見つけるなり、さっと棚の陰に隠れてしまう。よく見るとその靴から金具がのび、ひざ下に巻かれたベルトまでつながっている。

いつも穏やかな顔を見せてくれるおばあちゃんが、このときばかりは悲しげな表情を

朝方、まだ眠りの中の、ライダ家のイスラちゃん

隠さなかった。

「前にジュジュの足の傷を見たでしょう？　私たちが思っていたより、その傷が深かったみたいなの。それでこうして金具のついた靴を履いてしか、上手く歩くことができなくなってしまったんです」

他の子どもと遊ばせたくても、転んだりぶつかったりしたら危ないから、と家に引き留めておくしかないのだという。心なしかおばあちゃんの顔に刻まれた皺が、以前よりも深くなっている気がした。

「あの、バーシルさんは今日、家にはいないんでしょうか……」

一瞬ジュアーナちゃんの顔に目をやってから、おばあちゃんがまたため息をつく。

「バーシルもまた、怪我の具合が悪くなってね。2カ月ほど前からまたアンマンに戻ってしまったんです。ザータリでの暮らしを嫌っていましたから、治療が終わっても戻ってくるかどうか……」

あの時父娘が共に暮らせた時間は、ほんの一瞬だけだったのだ。シリアの人々はとりわけ家族が共にあることを大切にする。「生きて引き裂かれてしまうのは、戦闘で死に別れるのと同じくらい辛い」と別の難民の一人が教えてくれたことがある。彼は今、どんな思いで日々を過ごしているのだろうか。

もう一つは、その日の夜のことだった。ヨルダンやシリアでは、夏、日中の猛暑を避け、日が落ちてから外で遊ぶ子どもたちの姿を目にすることが多い。日本ではもう小学生が眠りにつくような時間帯に、外から小さな子どもたちのはしゃぐ声が聞こえてきて驚くことがある。ライダ家の子どもたちも、とっぷりと日が暮れた道端で、街頭の灯を頼りにかけっこをしていた。次第に近所の子どもたちも加わりはじめ、しばらくにぎやかな時間が続いていたものの、いつの間にかその遊びが小競り合いに変わりはじめた。そのうちに怒鳴り合いやつかみ合い、そして小石の投げ合いがはじまり、気づけば一人の男の子が、人の顔ほどの大きさもある大きなコンクリートブロックの塊を投げつけようとしていた。

「やめなさい！」

私は反射的に怒鳴ってしまった。子どもたちは渋々家に戻り、ライダ家の子どもたちもつまらなそうにアパートに戻りはじめた。

「あいつら僕たちにシリアに帰れって言うんだよ！」

長男のビラールくん（６歳）がライダさんに訴える。よくよく聞くと発端になったのは、三女のイスラちゃん（7歳）の腕に残る傷跡を、近所の子がからかったことだったようだ。ライダ家は1年前に、シリア第三の都市、ホムスから1カ月以上をかけ、徒歩でヨルダンまでたどり着いていた。その過程で夫は警察に突然拘束され、戻ってくることはなかったという。イスラちゃんの傷は、自宅が爆撃されたときの傷跡だった。子どもたちにとっても、それを蒸し返されるのは耐えがたいことだったのだろう。

「よくしてくれるヨルダンの人たちもいるんだけどね……」

いつもは気の強いライダさんが、力なくつぶやいた。大人たちが持つシリア人に対する反感は、子ども同士のぶつかり合いにもつながっているという話はたびたび耳にしていたが、その一端を目の当たりにしたのは初めてだった。こうして衝突は連鎖していくしかないのだろうか、とブロックを投げつけようとした少年の歪んだ顔が思い返され、子どもたちと遊んでいても気持ちは晴れなかった。

繰り返される別れ

今日は朝から別の取材が入っていた。誰も起こさないように荷物をまとめ部屋を出よ

夜中の街角を駆けるライダ家の子どもたち

うとすると、ライダさんがむくりと体を起こした。普段女性たちはヒジャブで髪を隠しているが、家の中では比較的軽装だ。半袖Tシャツにぴったりとしたズボン、ほっそりした顔に、ウェーブのかかった長い髪がよく似合う。

「待って、朝ごはんだけでも食べて行って」

昨日の夕飯で残ったホブズ（パン）とオリーブ、ホンモスと呼ばれるひよこ豆のペースト。質素だがシリアでよく目にした朝ごはんだ。特に塩気が口いっぱいに広がるオリーブは、汗をかくこの時期にはかかせない。寝不足の頭が少ししゃきっとした気がした。出際にイスラちゃんがうっすらと目を開け、小さくこちらに手を振った。かすかに微笑んだその顔に少しほっとして、私も声を出さずに手を振り、鉄の扉がばたんと音を立てないようにそっと閉じた。土壁をくぐり、雲一つない真っ青な空の下、バーシルさんが移ったという新しいシェルターを目指した。

バーシルさんが以前暮らしていた施設は、資金が続かず既に閉鎖され、入居していた男性たちはシリアに戻ったり、別のアパートに移ったりと、ばらばらの生活をはじめていた。バーシルさんが新たに入居したのは、同じように海外に暮らすシリア人たちが出資するシェルターだった。けれども以前の温かみのある民家とは違い、寂れた住宅街の奥にある、アパートの半地下の一室だった。薄暗い廊下にはたばこの吸い殻やお菓子の袋などが散らばり、部屋には薬品や汗の入り混じった匂いが立ち込め、一瞬せき込みそうになる。8畳ほどの部屋が2つ、今は4～5人がここで寝泊まりをしているが、人の入れ替わりも頻繁にあり、その数は流動的だという。

迎え入れてくれたバーシルさんは寝不足のような表情で、再会の喜びよりも疲れが色濃くにじんでいた。同室の男性たちもどこかこちらを警戒した様子で遠巻きに見ている。以前の施設のような歓迎ムードもなければ、次々出てきたお茶やお菓子もここにはそもそもない。出資したシリア人たちも、内戦の混乱がここまで長引く見通しはなかったのかもしれない。家賃はなんとかまかなえるものの、電気やガスのやりくりに苦心し、入居者の中で比較的軽傷の人間たちが時折働きに出てここを何とか保っているのだという。

「俺たちが普段何をしてるかって？　なんでもやるさ！　ゴミ拾ったり、工場に潜り込んだり、とにかく人がやりたがらないことなんでもさ！　これでヨルダン人の仕事を奪ってるだって？　ふざけた話さ」

バーシルさんよりも先に、同室の男性の一人が口を開いた。元はシリア人が運営する

ＮＧＯで雇われていたものの、そこも資金難で追われたのだという。

「バーシルさん、ジュアーナちゃんのいるザータリに戻ることはないんですか？」

「そうだね……あそこは環境が悪いから……」

目を合わさず、曖昧に彼は答えた。キャンプ外にジュアーナちゃんを呼び寄せたくても、働く道がそもそもない彼にとって、それは不可能に近かった。

「この施設も見ての通り、いつまで続くか分からない。そのときは……また考えるさ」

確固としたあてもなく、半ば諦めたような言葉が返ってくる。ザータリに戻れば、アンマンで受けられるような治療の機会を逸することになる。けれどもアンマンにいれば、ジュアーナちゃんとは暮らせない。その狭間で彼の心が揺れ続けているようだった。

大通りまで出るには急坂を上らなければならない場所にある施設だったが、帰り際彼は足を引きずりながら私を見送りに出てきてくれた。一歩、また一歩踏み出すたびに、彼の体が左右に大きく振れる。

「前の施設みたいに、楽しく過ごせる場所じゃなくて、ごめんよ」

ゆっくりと進みながら、バーシルさんが何度も謝る。お互い明るい話題を見つけられないまま、車に乗り、手を振った。次に会いにくるときに、彼はどこで、何をしている

ゴミの中から売れそうなものを拾って回る
11 歳の少年、ムハンマドくん

のだろう。バックミラーの後ろに消えていくバーシルさんの姿を見つめながら、彼らが孤立し、忘れられた存在になっていくのではないかと、重苦しい閉塞感が私の心にのしかかってきた。

同室の男性が話してくれたように、シリア難民の流入に対するヨルダン人の不満の要因の一つになっているのが、「シリア人に仕事を取られるのではないか」という懸念だった。けれども彼らは本当に、ヨルダンの雇用を大きく揺るがしているのだろうか。

あるとき、一人の少年が〝仕事〟にいくところについていったことがある。日が昇り、街が少しずつ動き出そうという静かなひとときに、軒を縫って、11歳になる少年は人目を避けるように早足で歩き回っていた。「この鉄くずは高く売れそうだよ。このパンのかけらも、何とか売り物になる。人間の食用じゃなくて、家畜のエサだけどね」

人々が夜のうちに路上に出したゴミの中から、お金に換えられるものを拾い集めるのが彼の〝仕事〟だった。一日中歩き回っても、稼ぎは一家の食費さえ満たせない。

公には労働が認められていない難民たちにとって、できる仕事といえば彼のような路上でのゴミ集めや、雇われたとしても、劣悪な環境での不法労働がせいぜいだ。ヨルダンの人々の雇用を脅かす大きな要因にはなりにくいといわれている。けれども実際にはその誤解が解けないままに、シリア人とヨルダンの人々との間の溝は深まるばかりだった。そうなると心の壁を取り除いていくために、働きかけなければならないのはむしろ人の意識の側だった。その鍵となるものを求めて、私は再び子どもたちが集う場を目指した。

共に生きる道

ザータリ難民キャンプからほど近い小さな街、マフラク。近年のシリア人の増加に伴い、多くの学校がヨルダン人クラスとシリア人クラスの二部制を敷いていた。その中でいくつかの学校が、シリア人、ヨルダン人合同の補習授業クラスに取り組み始めていた。

「シリア人の家庭からはいつも不安の声が寄せられているんです。ヨルダンの子どもたちに学校の帰り道にからかわれた、とか、ヨルダンの子たちが恐くて子どもが学校に行きたがらない、とか。逆にヨルダン人の家庭にも、シリア人の子どもたちはすぐに悪さをする、という〝噂〟が広がっていました。わけ隔てをしていては解決にはならないのではと感じはじめたんです」

補習授業に携わるＮＧＯ職員が教えてくれた。ライダ家の子どもたちと近所の子どもたちとの小競り合いを思い出しながら、そんな学校の一つを訪ねた。

朝から歓声や笑い声がどの教室からも響き渡る。この日はこの学校で最初の合同補習授業が行われる日で、勉強よりも椅子取りゲームやジャンケンゲーム、体を動かしてのレクリエーションが中心だった。休み時間のベルが鳴ると、一斉に小さな子どもたちが教室から飛び出してきた。どの子がシリア人で、どの子がヨルダン人なのか、もはや見分けがつかなくなっている。

「同じ場所で、一緒に生きていくことはきっとできる。こうして時間を重ねるごとに、子どもたち自身が自然と気づいていくんです」

教師の一人がそう語る。そんな実感を持った子どもたちがやがて大人になり、社会を築く側になっていく。だからこそ彼らが集い、触れ合う時間が、やがて共に生きる道を切り開いていく力となるのではないだろうか。

「もちろん子どもたちの打ち解ける力が大きいのですが、それは教師の側の熱意にもかかっているんです」と彼女は続ける。互いが向き合う場を今、大人たちがどれほど築け

るかで、これからの世代の生き方は、大きく変わるのかもしれない。真っ青な制服に身を包んだ子どもたちの背中を見つめながら、私自身も〝大人〟の一人としてシャッターを切ることの重みをかみしめた。彼らの言葉を、今の姿を、ただただ戸惑いつつ、辛うじて受け止めるだけでは何も変わらない。伝えるための言葉や写真に、次の世代に争いを持ち越さない、という私自身の決意を込めなければならないのではないか、と。

合同補習授業初日、校庭を駆けるヨルダンとシリアの子どもたち

2016年、春を待つザータリ難民キャンプ

アンマンの冬 2016

父娘の絆

２０１６年1月、すっかり日が落ちたヨルダンの首都アンマン市内は、凍るような風が頬をかすめていく。どのタクシーに乗っても、「来週は雪だってさ。まったく、仕事にならないよ」と話題は天候のことばかりだった。都心の喧騒から離れ、急坂をのぼった開けた敷地に、「国境なき医師団」が運営する医療施設がある。日本で目にするマンションのような作りで、シリアだけではなく、近隣の戦闘地域から負傷者の受け入れをしている拠点の一つを、私は訪ねた。

坂の途中から見上げると、薄暗い玄関の灯がぼんやりと、松葉杖と、右足だけ厚底の靴を履いた男性のシルエットを照らし出す。逆光で表情は見えないが、彼はゆっくりと手を振った。「国境なき医師団」の施設の情報はシリア人の間にも広まり、バーシルさんは無事その一室に受け入れられていた。

駆け足で近づいていくと、ガードマンだという男性がさっとそのシルエットの前に立った。

「どこの、どういう立場の方でしょうか？　面会は入口近くのカフェテリアでのみ、写真は厳禁です」

「見舞いにきてくれた友人の一人です。ルールは分かっています、大丈夫ですから」と、ガードマンの言葉を遮るように、バーシルさんは私たちを中へと誘ってくれた。政治、宗教問わずさまざまな事情で負傷者が運ばれてくるこの病院は、プライバシーやセキュリティーのルールがとりわけ厳しいことで知られていた。

カフェテリアの灯に照らし出された彼の表情が、ようやく穏やかに笑っているのが見えた。

「お元気そうで本当によかった！　前に会ったときには、これからどうなっていくんだろうって、私も心細くなるほどでした」

「この施設に出会えたのは本当にラッキーだった。あと半年ほどは、ここに入院することになっているんだよ」

学校の教室ほどの小さなカフェには、丸テーブルが並び、テレビの周りにはサッカーのヨーロッパリーグの試合を観戦しようと、10人ほどが集っていた。顔面全体がケロイドになってしまった子ども、片足の膝下から先がない初老の男性、重傷の患者たちを優先的に受け入れているだけに、痛々しい傷を負った人々の姿ばかりだった。

バーシルさんと同郷の友人だという車椅子のシリア人男性、私と行動を共にしていた同じくシリア人の青年とテーブルの一つに着く。とたんに〝自分がご馳走する〟合戦が彼らの間で始まった。シリアの人々の間では見慣れた光景だった。自分もいつも加わってみるものの、勝てたためしがなかった。結局バーシルさんが足を引きずりながら、カウンターにシャイ（紅茶）を注文しに行く。戻って来たお盆の上には、シャイに加え、チョコレートやナッツ、ケーキまで乗っている。

「ちょうど先週、手術を終えたばかりなんだ」

ほら、と彼が見せてくれた右足は、太ももからくるぶしの上にかけて金具が埋め込まれていた。

「この金具を1日1ミリくらい、少しずつ伸ばしていって、筋肉や骨を元の長さにまで戻していくんだ」

ここでは治療の機会が与えられ、医療費や日常に必要な費用（週あたり10ヨルダンディナール＝1600円ほど）が支給されるという。

「ひとまずの生活には困らなくて済むんだ。安心しているよ」

最初に出会ったときと同じように、残された2本の指で器用にティーバッグをすくい上げながら、穏やかに今の生活を語る。

「これだけ手厚い施設なら、ジュアーナちゃんも手術が受けられるんじゃないですか？」

と私が問うと、途端にそれまで饒舌だったバーシルさんが言葉に詰まる。

「一度ジュジュもここに連れてきて診てもらったんだ。ところが時間が経っているせいか、骨の具合がどうも特殊で、ここでの手術は難しいらしいんだ。しばらく様子を見なさい。ただそれだけ言われていてね」

実は、とバーシルさんがぽつりぽつりと今後のことを語りはじめた。

バーシルさんは今、ＵＮＨＣＲ（国連難民高等弁務官事務所）を通じてアメリカでの難民認定のための面接を受けているのだという。「その審査はもう最終段階まで来ているんだ」と話す彼の表情に、喜びの色はなかった。

バーシルさんは単独でヨルダンに入国している。ジュアーナちゃんはその後を追って、おばあちゃんと一緒に入国したために、書類上は別世帯扱いとなっているというのだ。このままではもしもバーシルさんが難民認定を受けられたとしても、アメリカに行けるのは本人一人になってしまうかもしれないのだ。

「一度この認定の機を逃せば、次のチャンスがそもそも巡ってくるのかも分からない。ただたった一人残った娘だ。ジュジュと海を越えて離れ離れになるのは……」

それだけ言うとバーシルさんは言葉に詰まった。

しばらく沈黙が続いたテーブルに、がっしりとした体格の背の高い男性が近づいてきた。バーシルさんとも顔見知りらしく、よいしょっと体には不釣り合いの小さな椅子に腰かけた。

「あなたもシリアからですか?」

そう問うと釣り目がちな瞳の奥が一瞬、ぎらりと光った気がした。

「いや、イラクのアンバール県だ」

テーブルの上でスマートフォンをいじりはじめたその男性の腕を見て、次にかけるべき言葉を失ってしまった。彼の両手首から先は斜めにえぐれ、縫い目が真っ赤になっているのは、手術したてだからだろう。辛うじて残っている左手の小指で器用に画面を操作している。

「拷問だよ」

画面から顔を上げずに男性がつぶやいた。

「え？」と思わず聞き返してしまった。

「拷問だよ。僕はスンニ派の地域からＩＳに追われて逃げて来たんだ。そしたらシーア派の民兵に捕まったんだよ」

こうやって上からつるされて、と彼は両腕を上にあげてその様子を語ってみせる。「拷問」という言葉が、一瞬飲み込めなかった。彼の言葉に耳を傾けながら、今回、ヨルダンに来る前に訪れていた、イラクの情景が頭の中によみがえってきた。

これからを諦めない

ヨルダンを訪れる前の週、シリア難民とイラクの国内避難民の取材のために、イラク北部、クルド人自治区を訪れていた。拠点にしていたドホークの街は、雨季にもかかわらず滞在中は天候に恵まれ、真っ青な空と緑の大地の向こうには、白く雪化粧をした山肌が雲間に顔を覗かせていた。数十キロの距離までＩＳが迫っているとはいえ、街の中は比較的穏やかな日常が続いていた。夜になるとシリアの首都ダマスカスを思い起こすような一面の夜景が眼下に広がる。

そんな美しい光景とは裏腹に、病院や難民キャンプで人々が語るのは、ＩＳによる虐殺や苛酷な避難生活、そして宗派間の対立の話題ばかりだった。

イラクをあとにするために、クルド人自治区の都市アルビルの空港に向かう道中、そこには懐かしい顔が、見送りに来てくれていた。

「まさかイラクまで来てくれるとは思わなかった！　6年ぶりだね！」

日本で出会ったあのイラク人の友人、アリに、空港へ向かうわずかな時間で再会できたのだ。当時は〝少年〟だった彼もはじめて会ったときから10年近くを経て、今は26歳。駆け寄ってくるその顔は、すっかり大人びて、以前より少しふっくらとしていた。

モスルがＩＳに急襲されてから1年半あまり。彼は親戚の伝手で何とか仕事を得て、生活は維持できているという。

「僕はもともとクルド人の血筋だからね。仕事も見つかって、住む場所にも困らない。シリアにいたときより、ずっとましな生活ができている。幸いね」

キャンプやプレハブに暮らしている人たちは大変だよ、と半ば後ろめたそうに繰り返す。彼は興奮気味に話し続けた。

「イラクに来て、どれだけ複雑なことになっているか分かっただろう？　ＩＳから逃れたスンニ派の住人たちが、シーア派の住人たちの地域に逃げ込むと、今度は〝お前たちＩＳの手先か？〟って迫害されたりするんだ。そうして逃げ込んでくるのが、このクルド人自治区さ」

「でもここに来て驚いた。同じ国内なのにアラビア語とクルド語って全然違うでしょ？あなたは両方喋れるわよね」

「いや」とアリが苦笑いする。

「モスルはスンニ派の多いアラブの街だった。そうすると〝お前クルド人なのになんでここにいるんだ？〟って言われる。今度はクルド人自治区で暮らし始めると、〝お前アラビア語なまりの言葉だな。なんでここにいるんだ？〟なんて言われるんだ。どっちつかずさ」

日本のニュースで伝えられる限られた情報では、ＩＳとイラク、アメリカというざっくりとした区分しか見えてこない。細部は更に複雑化していることも、ここに来てようやくつかめたことだった。

「シリアからイラクに戻って来たばかりの頃、フィアンセがいるって電話で話したの、覚えているかい？」

モスルがＩＳによって陥落したため、フィアンセはヨルダンへ、彼はこの街、アルビルへと逃れ、結婚の話は立ち消えになってしまっていた。不安定な生活じゃ、次の結婚話は当分先だな、と肩をすくめる。

「見てごらんよ、また検問だ」

主要道路だけではなく、空港に向かう道路にも、幾重かにわたって検問が敷かれている。迷彩服の兵隊たちが、鋭い目線で車中を探る。

「こうやって銃を持った兵隊だらけの風景なんて、日本にはないだろう？」

銃のないあの社会にもう一度身を置いてみたいね、と検問を通るたび、彼は同じことを言いながらため息をついた。

「ねえ、以前にあなたが〝チェスの駒〟の話をしてくれたでしょ？　イラクでもシリアでも、他の国でも、難民は増え続けるばかり。こうして人間である限り、争いはなくならないのかな？」

少し間を置いてから、彼は静かな口調でこう答えた。

「人間だから、じゃないよ。どうせそういうものだって諦めてしまう、人の心がそうさせるんだよ」

イラク北部ドホークにて、国内避難民の子どもたち

その言葉はいつにもまして、私の心の奥底に深く刻まれた。戦争に翻弄され続けてもなお、彼は〝これから〟を諦めていないのだ。こちらから半ば投げやりな問いかけをしてしまったことが、恥ずかしくなった。

だからこそ通い続ける

アリの言葉を胸に、改めてシリアの人々に思いを馳せる。故郷を追われた人々が、また懐かしい場所へと戻れるのはいつになるのだろう。5年、10年、考えたくはないがそれ以上に時間がかかるかもしれない。日々飛び交うニュースだけを見ても、それは途方もなく長い道のりのようで、頭の中が真っ暗になりそうになる。けれどもそんな日々に彼らが耐えている限り、伝え手も諦めてはいけない。そんな気持ちを、写真を見返すたびに新たにする。

２０１５年の一時期、テレビや新聞は、日本人の人質事件のことであふれかえった。けれどもそれが消え去るまでに、さほど時間はかからなかった。「読者はあのオレンジ色の服がトラウマになって、もう見たくないっていう反応なんですよ」――ある編集者からそう告げられたことがある。アイラン・クルディくんの事件でまた、難民問題に光があたったものの、その流れも波のようにまた過ぎ去っていった。たとえあの人質事件や、〝世界を動かした〟といわれる写真が忘れ去られていっても、ここで生き抜くシリア人たちの苦悩は続いていく。

こうして日本から〝遠い〟場所であり続けるシリア。けれども出会ってきたシリア人たちは、私が思っている以上に、日本のことをよく知っている。それを聞くと彼らがなぜ、私たちを温かく受け入れてくれているかがよく分かる。

「広島、長崎に原爆が落とされたのに、あんなに発展している日本はすごい」

「日本は戦争もないし、どこも攻撃しない国なんだろう？」

「僕たちの国もいつか、日本のようにしていきたいんだ」

傷つけないと分かっているから、受け入れられる。彼ら一人一人と握手をするたびに、私はそのことをひしひしと感じてきた。けれどもそんな言葉を耳にするたびに、どこか後ろめたくもなる。今の日本に、彼らに誇れるような〝平和〟があるだろうか。

日本の難民申請は5年連続で過去最多を更新し、２０１5年の1年間での申請者は７５００人を超えた。そのうち認定を受けたのはわずか27人。シリア人も２０１１年から65人が申請し、認定されたのはたった6人だ。難民認定を待つ間、子どもたちは教育を受ける機会にも恵まれず、言葉の壁と共に孤立していく。彼らの苦悩とは裏腹に、「難民を受け入れたら治安が悪くなる」「彼らの入国を認めたらテロの標的になる」……ネット上だけではなく、公人からさえ、そんな言葉が飛び出した。日本に暮らすイスラム教徒、シリア人からも、生きづらさを訴える声があがっている。

「街を歩くたびに、刺さるような視線を感じる」

「シリアから来たとは言えない。危険な人間だと思われたくない」

だからこそ改めて、伝え手が現場に足を運ぶ意味を考える。

今日もニュースに、たくさんの数字が飛び交う。爆撃の数、傷ついた人の数、命を奪われた人の数。けれども困難に直面する人々が抱えている痛みや悲しみは、数字を並べるだけでは決して伝わらない。そこには数では表せない、日々を生きる人々の姿があり、息吹がある。心の距離を縮められるかどうかは、そんな一人一人の顔が浮かぶかどうかにかかっている。現場に足を運ぶということは、その息吹に、そっと触れさせてもらう行為かもしれない。傷つき、悲しみ、自ら声をあげることもできない人々の、小さく、掠れそうな声に耳を澄ます。

亡くなったアブドゥラくんのことを思い出しながら、時折この仕事の意味を問い直すことがある。写真を撮ったところで、目の前の人の傷を癒せるわけではない。消えそうな命を救えるわけでも、空腹を満たせるわけでもない。やるせなく、カメラを投げ出そうと思ったことは、一度や二度ではない。

そんなときに、あるNGO職員にかけてもらった言葉を思い返す。

「菜津紀さん、これは役割分担なんです」

自分たちNGOは、現場にとどまり、人に寄り添って活動し続けることができるかもしれない。けれどもここで何が起こっているのかを、世界に発信することがときに難しい。あなたは少なくとも通い続けることはできるし、ここで何が起きているのかを伝えていけるじゃないか、と。

支援の現場も、その場だけでは成り立たない。現地に踏みとどまる人がいて、それを資金面や物資で支える輪があり、声が広がって政策が変わることもある。その役割を一人の人間が全て担うことはできないかもしれない。けれどもそれぞれができることを、少しずつ持ち寄り合うことはできる。

あのとき、私の話を聞いてくれた宮城県の子どもたちも、これから将来の道を選び、切り開いていくだろう。それは必ずしも、支援の現場や、医療の現場、報道の現場ではないかもしれない。けれどもどんな立場のどんな仕事にも、必ず担える役割があるはずなのだ。

伝える仕事が担うのは、命を直接救う役割ではない。その葛藤は消えることはなく、むしろ消してはならないものなのかもしれない。ただ、そこに生きる人々の声を伝えることで、彼らを孤立させないことはできるかもしれない。届けることで、その声が大きくなるかもしれない。だからこそ、通い続ける。憎しみの連鎖を止める術を、伝えるという手段で、探り続けながら。

おわりに

２０１５年11月、パリの同時多発テロのニュースが日本にも飛び込んできたとき、一人のシリア難民の女の子の顔が浮かんだ。

この年の夏、ヨルダンで出会った彼女はまだ19歳、あまりにもなめらかな英語を話すので、「どこかに留学していたの？」と尋ねると、「そう思う？　全部独学よ！　人と話すのが好きだから」と少し得意げに笑った。彼女は両親と共にヨルダンに逃れ、今はアンマン市内で勉強を続けている。取材を手伝ってくれたシリア人の一人だ。大きな瞳がいつも人懐っこく笑い、誰にでも親しく話しかけることができる彼女には、緊張感の漂う取材が多い中で随分と助けられた。

「私ね、日本の音楽も大好きなの！　よく聞くのは星野源と大橋トリオね」と言われたときには驚いてしまった。

音楽とおしゃべりが大好きな、〝ごく普通の〟女の子。そんな快活な彼女の顔に、あるとき少しだけ翳《かげ》りが見えたことがあった。周りのシリア人たちが「どうしたの？」「何か僕たちが悪いことしたんだったら、教えてほしいんだ」と声をかけても、「大丈夫、

ザータリ難民キャンプ、9人目の弟が生まれた一家

何でもないわ」とはっとしたようにまた笑顔に戻る。

後から彼女がそっと教えてくれた。

「私の兄さん、行方不明だって話、したでしょ？　オランダの海岸に打ち上げられた遺体が、兄さんのものだと分かったの」

彼女のお兄さんは一人でトルコ側からヨーロッパを目指し、たどり着いたのがフランスだった。北部のカレーという街に、〝ジャングル〟と呼ばれる難民、移民が集まる地区がある。彼はそこに暮らしていた。〝ジャングル〟とは、無法地帯を意味する言葉だ。まるでスラムのような様相から、地元でそう呼ばれるようになったのだ。難民たちには労働が許されない上に、シャルリー・エブド襲撃事件以来、イスラムに対する風あたりは強まる一方だ……兄からはたびたびそんな連絡を受けていたという。

「これが最後に送られてきた、兄さんの写真よ」

そこにはこけた頬にまでひげを濃く生やし、目が虚ろにくぼんだ青年が写っていた。彼女から聞いていた実年齢よりも、ずっと老け込んで見えた。

オランダの海岸に打ち上げられ、しばらく身元不明として埋葬されていた遺体を、その後警察やジャーナリストたちが入念に調査し、それが彼女のお兄さんであること、彼がイギリスを目指して乗った舟が難破して流されてしまったことを突き止めてくれた。

「見て、こんなところにたった一人で眠っているのよ」

お兄さんが埋葬された場所は墓地の隅に残っていた更地のような場所だった。墓石らしいものはなく、ただ乾いた土が盛られている。

取材中、私は彼女に、無理をしなくてもいい、と何度も伝えていた。それでも今、自分ができる最大限のことをしたいと、彼女はそれからも取材に協力し続けてくれた。

行き場のなくなった人々がテロのような暴力に走るニュースは、世界中を駆け巡る。けれどもその裏で、人を傷つける道を選ばず、自身を追い詰め、犠牲になっている人たちがいる。そしてその声は決して、大きく響くことはない。そんなことを教えてくれたのは、彼女と、彼女のお兄さんの存在だった。

そしてここ日本にも、感謝を捧げたい人たちがいる。震災直後から私が通い続けている岩手県陸前高田市の仮設住宅で、お母さんたち、おばあちゃんたちが、寒い冬を過ごすシリア難民たちのために、子どもたちが大きくなって着なくなった服を集めてくれたのだ。

自分たちが支援を受けてきた経験を活かし、受け取った側が配布しやすいようにサイズ別、男女別に箱詰めをしてくれる。その数は段ボール10箱以上にものぼった。

「津波が来たあの日は寒かったからねぇ。でも私たちはそれでも、街を追われたりはしなかったから。ちょっとでもこれであったまるかしらねぇ」

しわしわの手でおばあちゃんたちが、ずっしりと重い箱の一つを託してくれた。

「自分たちが家や街を流されても、世界中からの支援でもう一度、生活を取り戻してきました。だから〝恩返し〟ではなく、〝恩送り〟をしたいと思ったんです」

自治会長さんからはそんな温かな言葉を頂いた。痛みを知っている人たちの言葉は、いつも重い。

私たちはあの内戦の熾烈さを、直接体験しているわけではない。そんな中で彼らの今を語ることが、伝え手として後ろめたいと思うことが幾度もあった。それでも私たちには、〝想像力〟という大きな力が残されている。だからこそ、そんな後ろめたさからも逃げないこと。それを教えてくれたのは、おばあちゃんたちをはじめ仮設住宅で出会った人たちだった。

たとえ明日内戦が終わっても、荒れ果てた故郷に人々が戻れるまでには数年の時間を要するだろう。ここ日本にいて、遠い地で散らされる火花をすぐに止めることはできないかもしれない。けれども傷つき逃れてきた人々を支えることはできるはずだ。そして彼らが追い詰められない居場所を築くことこそ、更なる犠牲に歯止めをかけることにつながるのではないだろうか。

【取材でお世話になったNGO／メディア】

◆国境なき子どもたち（KnK）
「世界の恵まれない青少年を支援すること」、そして「日本の一般市民、とりわけ若い世代の人々に対し教育啓発すること」を使命とし、1997年に日本で設立。ヨルダン北部のホストコミュニティ、および難民キャンプでシリア難民（青少年）への教育支援事業を行っている。（http://knk.or.jp/）

◆JIM-NET
イラク国内における、がん・白血病の医療支援を目的に設立。現在は福島支援、難民支援にも力を入れている。イラクではシリア難民の妊産婦支援、ISから逃げてきた女性たちの医療支援、ヨルダンではシリア難民が病院やリハビリセンターに通う医療バスの運行や、義肢の支援、PT（理学療法士）によるトレーニングなどを行っている。（http://jim-net.org/）

◆サダーカ
シリアの紛争停止を求めて活動するグループ。「サダーカ」はアラビア語（シリアの公用語）で「友情」。シリアの人々が望む紛争前の日常を取り戻すために、シリアの魅力などを伝えるイベント開催や、ヨルダンの首都アンマン近郊に暮らすシリアの人たちの声なき声を発信する映像作成等を通してシリア難民支援の活動を続けている。シリアの紛争停止と和平実現のために活動するネットワーク（シリア和平ネットワーク）の呼び掛け団体。（http://www.sadaqasyria.jp/）

◆難民支援協会
年間600人、60カ国以上から日本へ逃れてきた難民からの相談に対し、専門的なスタッフが一人一人へ支援を行っている。さらに、制度改善のための政策提言・調査研究、および情報発信を行うなど、日本の難民保護を目的として総合的に活動している。（https://www.refugee.or.jp/）

◆難民ナウ！
京都三条ラジオカフェ（FM79.7MHz）で毎週土曜日19時から放送されている日本初の難民問題専門番組。コンセプトは、「難民問題を天気予報のように」。ともすれば「遠くの悲しみ」になってしまう「難民」が、ただかわいそうな人ではなく、私たちとなんら変わりのない、多様な側面を持った人たちであることを伝え続けている。（http://www.nanminnow.com/）

安田菜津紀　やすだなつき

1987年神奈川県生まれ。studio AFTERMODE所属フォトジャーナリスト。16歳のとき、「国境なき子どもたち」友情のレポーターとしてカンボジアで貧困にさらされる子どもたちを取材。現在、カンボジアを中心に、東南アジア、中東、アフリカ、日本国内で貧困や災害の取材を進める。東日本大震災以降は陸前高田市を中心に、被災地を記録し続けている。2012年、「HIVと共に生まれる―ウガンダのエイズ孤児たち―」で第8回名取洋之助写真賞受賞。著書に『それでも、海へ　陸前高田に生きる』（ポプラ社）、共著に『アジア×カメラ　「正解」のない旅へ』（第三書館）、『ファインダー越しの3.11』（原書房）。上智大学卒。

君《きみ》とまた、あの場所《ばしょ》へ　シリア難民《なんみん》の明日《あした》

発行　2016年4月20日
4刷　2020年4月20日

著者　安《やす》田《だ》菜《な》津《つ》紀《き》
発行者　佐藤隆信
発行所　株式会社新潮社
住所　〒162-8711　東京都新宿区矢来町71
電話　編集部　03-3266-5611
　　　読者係　03-3266-5111
http://www.shinchosha.co.jp
印刷所　半七写真印刷工業株式会社
　　　　プリンティング・ディレクター　加藤雅久
製本所　加藤製本株式会社
地図製作　ジェイ・マップ
装幀　新潮社装幀室

ISBN978-4-10-350031-5　C0095